**50 anos**
**Faculdade de Odontologia**
**de São José dos Campos – Unesp**
**1960–2010**

# 50 anos
# Faculdade de Odontologia de São José dos Campos – Unesp
# 1960–2010

**Clovis Pagani** | coordenação
**Iara Carolina Friggi Kogiso** | organização

unesp
Faculdade de Odontologia
de São José dos Campos – Unesp
imprensaoficial

# SUMÁRIO

# OS BONS RESULTADOS

*Não se aprende bem a não ser pela experiência.*
Francis Bacon

Há 50 anos surgia com o nome de Faculdade de Farmácia e Odontologia de São José dos Campos, a primeira instituição vale-paraibana desta especialidade médica.

A comunidade que a abrigava percebeu desde cedo que a sua trajetória seria gloriosa e contínua. Enfrentou inúmeras dificuldades educacionais decorrentes de sua precoce vocação de líder no setor, quando, em 1976, foi incorporada à recém-universidade paulista Unesp.

Desde então, iniciou um programa de atendimento à comunidade. Vários edifícios foram construídos em conformidade com as suas especialidades. Com o advento da informatização, a Faculdade se beneficiou e pôde ampliar seu programa de extensão, criando cursos de pós-graduação, se firmando então como instituição de ensino de qualidade, de pesquisa inovadora com características humanitárias e de extensão universitária.

A Imprensa Oficial do Estado, pela publicação desta obra comemorativa, cumpre o papel de resgate da história acadêmica brasileira, devolvendo para a sociedade informações que comprovam o progresso científico e cultural obtido pelo trabalho dos muitos professores que por lá passaram, transmitindo seus conhecimentos e contribuindo para a formação de mais de 2 mil profissionais.

Hubert Alquéres
Diretor-presidente da Imprensa Oficial

# INTEGRAÇÃO COM A COMUNIDADE

Toda cidade é construída sobre um elemento fundamental, que é o conhecimento. Não há ser humano sem conhecimento, portanto não há sociedade sem ele. Uma cidade, como um todo e em cada pequena atividade nela desenvolvida, é o espelho do conhecimento de seus cidadãos. Ora, a produção, a transmissão ou o compartilhamento do conhecimento são funções dos mestres e dos centros de ensino. Talvez por isso se possa dizer também que uma cidade é o espelho dos mestres (o que inclui os pais) e das instituições de ensino que tem e teve.

Consequentemente, podemos dizer que, se nossa cidade é ímpar, como de fato ela é, isso se deve aos múltiplos e grandes conhecimentos que tem e, portanto, às suas instituições de ensino e aos mestres que por aqui andaram e andam.

Entre essas grandes instituições de ensino, de todos os níveis, existe uma que há cinquenta anos – há longos cinquenta anos – se dedica à formação de conhecedores de uma ciência e de praticantes de uma atividade profissional – e, junto a isso, à constituição de cidadãos conscientes, dignos e valorosos.

O nome dessa instituição é Faculdade de Odontologia de São José dos Campos. E sua importância para a cidade é inestimável. Seja diretamente, por sua influência sobre os alunos, professores e funcionários que a fizeram, seja indiretamente, pelo prestígio que estes e a instituição como um todo tiveram sobre outras pessoas e instituições, a Faculdade de Odontologia teve e tem um lugar especial na formação da sociedade joseense, em sua história, em sua vida.

A esta grande instituição de ensino e a seus integrantes do passado e do presente – mestres, alunos, funcionários e outros colaboradores, por estes 50 anos de divulgação de conhecimentos e de ativa participação na construção de nossa cidade, nossos parabéns e, mais que isso, nossos sinceros agradecimentos.

EDUARDO CURY
Prefeito de São José dos Campos

# MOTIVOS PARA COMEMORAR

É uma honra e um privilégio ser convidado para fazer a apresentação da publicação destinada a marcar o Jubileu de Ouro da pujante Unidade da Unesp, que é a Faculdade de Odontologia de São José dos Campos (FOSJC).

Este livro, aliás, é mais um exemplo do empenho com que os integrantes da instituição de ensino garantem posição destacada no ensino, pesquisa e extensão da área de Odontologia no Estado e no País. Muitas das imagens que ilustram a história do *campus* foram fornecidas por professores e funcionários, que testemunharam e participaram dos acontecimentos mais significativos de um avanço que abrange cinco décadas.

O reconhecimento da importância da FOSJC entre os paulistas se evidencia pela decisão generosa da Imprensa Oficial do Estado de São Paulo de imprimir, gratuitamente, esta obra. Também não se pode esquecer o apoio da Prefeitura de São José dos Campos, que abriu seus arquivos para que alguns documentos pudessem ser expostos nestas páginas.

Hoje, a FOSJC soma 600 alunos de graduação e pós-graduação, 78 professores e 137 funcionários técnico-administrativos. Desde o início de suas atividades, em 1960, destacou-se pela excelência do ensino de graduação, com cerca de 2,3 mil profissionais formados ao longo de suas atividades.

Sensível à demanda da sociedade paulista por mais vagas no ensino superior, a Unidade abriu, em 1999, seu curso noturno de Odontologia, que oferece 30 vagas. E, desde os anos 1990, vem respondendo com eficiência ao desafio de consolidar seus programas de pós-graduação, preparando professores que atualmente lecionam em instituições de ensino superior de todo o País.

A Unidade se esforça, ainda, por garantir a saúde bucal da população, realizando mais de 4 mil atendimentos odontológicos por ano, beneficiando especialmente as comunidades mais carentes, na região que abrange o Vale do Paraíba e o sul de Minas Gerais.

Entre os oito Núcleos e Centros, que promovem essas atividades, estão o Centro de Oclusão e Articulação Temporomandibular (Coat) e o Centro de Biociências Aplicado a Pacientes com Necessidades Especiais (Cebape), dois pontos de referência em seus campos de atuação.

Portanto, muito mais que os cinquenta anos de nossa faculdade, este Jubileu marca um momento da sua história em que não faltam razões para comemorar.

Herman Jacobus Cornelis Voorwald
Reitor da Universidade Estadual Paulista – Unesp

# EM MEMÓRIA AOS RESPONSÁVEIS PELA HISTÓRIA

Lá pelos anos de 1960 um grupo de rapazes comuns, aparentemente, adentrou uma instituição, que até pela sua denominação, na época, poderia sugerir certa indecisão: Faculdade de Farmácia e/ou Odontologia de São José dos Campos.

O curso de Farmácia, na verdade, nunca se concretizou e os motivos, ao certo, também não se ficaram sabendo até hoje. Bem, quatro anos depois, aqueles jovens, agora um pouco mais maduros e intitulados de "doutores", estavam prestes a sair em busca de seus sonhos e clientes,... destes últimos principalmente!

Alguns ficaram na Faculdade, visto que ao longo do curso se entusiasmaram com a carreira acadêmica e tornaram-se verdadeiros mestres e formadores de outros tantos.

Pois então: é dos que ficaram e dos que, vez por outra, retornam a esta imortal casa de ciência e humanidade, que pretendemos homenageá-los por ocasião do Jubileu da FOSJC.

Não sei, entretanto, se tenho conhecimento e dados para fazer jus a todos esses inesquecíveis homens e mulheres que a Faculdade produziu e de que tanto se orgulha e jamais esquece.

Como eu, todos os que por aqui passaram ainda guardam com apreço e indisfarçável contentamento a distinção reluzente de ter nesta unidade de ensino deixado muito da sua juventude, um pouco da sua plenitude adulta, sendo que outros ofertaram até uma parte gloriosa de suas senescências.

Por isso, e por tudo o que representou, representa e representará essa nossa querida escola, definitivamente, eu e todos os que incondicionalmente a amamos nos prostramos em reverência solene a ELA. Daqui a algum tempo, já quando os sonhos e as verdades dos atuais estiverem se desfenecendo, sequência inevitável desta vida, possam os que nos suceder, com igual vontade e desvelo, renovar todo esse carinho, respeito e gratidão pelo seu, então, diamantino centenário.

José Roberto Rodrigues

Diretor da Faculdade de Odontologia de São José dos Campos – Unesp

unesp

# ~ APRESENTAÇÃO

A Faculdade de Odontologia de São José dos Campos – Unesp, completando 50 anos em 2010, não poderia prescindir de marcar a passagem de seu cinquentenário com a publicação de uma obra que contasse a sua história.

Para contar uma história de 50 anos um livro talvez seja pouco, mas é uma bela forma de relatar uma trajetória com muitas ideias e lutas. A história da "nossa" Faculdade, da qual muito nos orgulhamos, está intimamente ligada à cidade de São José dos Campos, que lhe abrigou e que lhe dá o nome, sendo que hoje ambas se destacam pelo crescimento, desenvolvimento científico e tecnológico.

Esses 50 anos de atuação da FOSJC-Unesp serão retratados nas próximas páginas, contendo desde sua criação, pelo Prof. Dr. Cervantes Jardim, até os dias de hoje, passando por inúmeras transformações e grande evolução e modernização. Cinco décadas da história da Entidade e da Odontologia estão registradas nesta obra, condensando com palavras e imagens os momentos mais significativos de seu desenvolvimento ao longo desses anos. Um trabalho que marca a perseverança e a dedicação de muitos entusiastas que trabalharam e trabalham nesta casa, e homenageia a atuação firme dos seus representantes (Professores, Funcionários e Alunos) que ajudaram e ajudam a construir a sua excelente reputação, marcando o seu compromisso com a educação e a comunidade. O livro da FOSJC-Unesp é um enredo que não acaba nunca; suas páginas serão preenchidas a cada dia, a cada desafio imposto pela modernização, a cada mudança ocorrida na Odontologia nacional e internacional. As nossas pesquisas, as reuniões dos Conselhos e dos Departamentos, da Congregação e as nossas deliberações são diálogos que não terminam.

A linha do tempo, os relatos e as fotografias que ilustram esta publicação evidenciam o curso da história e a evolução da FOSJC-Unesp.

A história dos 50 anos se confunde com a minha trajetória. É muito gratificante e prazeroso, e é com grande emoção que escrevo esta apresentação, pois há 40 anos conheci a cidade e a Faculdade, e passei a ter mais uma paixão, a amar "esta casa". Dela muito me orgulho por ter sido aluno da graduação, estagiário por vários anos e, finalmente, a partir de 1997 passei a integrar o Corpo Docente do Curso de Graduação, hoje, como Professor Adjunto, e do Curso de Pós-Graduação, atualmente como Coordenador.

Esperamos contribuir para a preservação da nossa memória, pois este livro resgata e reafirma o papel da nossa Faculdade na história da Odontologia, que transcende a atuação de cada professor, funcionário e aluno. Nessa sua bela trajetória, permanece inalterado o espírito da mudança e da inquietação das ideias, que nos fez caminhar até aqui, e que nos guiará ao futuro.

Clovis Pagani
Professor Adjunto do Departamento de Odontologia Restauradora

Praça Afonso Pena, nos anos 1960

O rei Felipe II de Portugal assinou a lei de 10 de setembro de 1611, reconhecendo a liberdade dos índios (mas admitindo-lhes o cativeiro em caso de guerras ou de antropofagia) e regulamentava aldeamentos indígenas, nos pontos que melhor conviessem aos interesses do Reino de Portugal, foi posta em vigor. Asim, muitos índios do Planalto de Piratininga, onde se localizava a Vila de São Paulo, deslocaram-se para o interior da capitania de São Vicente, para os sertões.

Entre os antigos aldeamentos dos padres da Companhia de Jesus, os jesuítas, ao redor da Vila de São Paulo do Piratininga e por eles administrados, figurava no vale do rio Paraíba do Sul, a leste da Vila de São Paulo, o aldeamento de São José, localizado no bairro do Rio Comprido, a dez quilômetros de onde hoje se situa o centro de São José dos Campos.

Ao todo os jesuítas fizeram onze aldeamentos ao redor de São Paulo, entre eles a aldeia de São Miguel Paulista, a aldeia dos índios Guarulhos, a aldeia da Escada, hoje Guararema, e a aldeia de Carapicuíba.

Os padres jesuítas, trazendo mais alguns silvícolas, conseguiram entrar em entendimentos com os índios guaianases e dar certa vida ao aldeamento, mas, devido às desvantagens da localização deste, resolveram buscar um ponto melhor. Em 1643, a aldeia de São José foi transferida para onde é hoje a Praça do Padre João Guimarães no centro da cidade.

De 1643 a 1660, os religiosos e vários povoadores obtiveram para os índios diversas léguas de terra, em sesmarias concedidas, em 1650, pelo Capitão-Mor da Capitania de São Vicente, Dionísio da Costa. Essas terras situavam-se em magnífica planície, onde hoje se acha o centro de São José dos Campos.

A aldeia de São José, a partir de 1653, passa a ser de domínio da Vila de Jacareí, criada naquele ano e desmembrada da vila de Mogi das Cruzes, e pertencente à Capitania de São Vicente.

A aldeia de São José estava, portanto, situada nos limites da Capitania de São Vicente com a Capitania de Itanhaém, a qual compreendia o restante do Vale do Paraíba paulista e seguia até Angra dos Reis e englobava, também, parte do litoral sul paulista.

Sabe-se ainda que a organização urbana no plano teórico e prático da aldeia é obra atribuída ao padre jesuíta

Manuel de Leão, cuja principal ocupação era a de ser administrador. Estando em São Paulo desde o ano de 1663, encontrava-se à frente das fazendas mais remotas. Entre estas, figurava-se o aldeamento em solo joseense.

Toda a região do Vale do Paraíba sofreu um esvaziamento populacional com as descobertas do ouro nas Minas Gerais dos Goitacazes a partir de 1692.

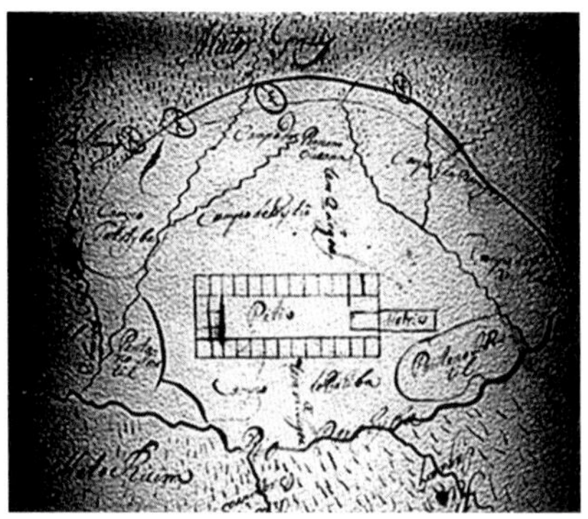

Em 1710, as Capitanias de Itanhaém e de São Vicente (que, a partir de 1683, passou a se chamar Capitania de São Paulo, com a transferência da capital da capitania para São Paulo) integraram a nova "Capitania de São Paulo e Minas do Ouro".

A aldeia de São José progredia mais e mais, passando a ser denominada "Vila Nova de São José", quando se tornou vila em 1767.

Em 1759, os jesuítas foram expulsos do reino de Portugal e das suas colônias pelo Marquês de Pombal. Com isso, alguns brancos agregaram-se aos índios sob a direção de José de Araújo Coimbra, Capitão-Mor da Vila de Jacareí, e deram impulso à povoação.

Tênis Clube de São José dos Campos

Croquis da Vila

Praça da Igreja da Matriz (página seguinte)

O governador-geral da recém-recriada Capitania de São Paulo (que havia sido extinta em 1748 e anexada à do Rio de Janeiro), D. Luís António de Sousa Botelho Mourão, o Morgado de Mateus, criou várias vilas para dar impulso à Capitania. Havia décadas que não se criavam vilas ao sul do Rio de Janeiro.

Assim, em 27 de julho de 1767, pelo Ouvidor e Corregedor Salvador Pereira da Silva, foi criada a nova vila com o nome de "Vila Nova de São José", depois Vila de São José do Sul e, mais tarde, Vila de São José do Paraíba.

No mesmo dia 27 de julho, foram eleitos os três primeiros vereadores da nova vila, os quais eram índios, dando início à sua autonomia administrativa. Os primeiros oficiais da Câmara da nova vila foram: Juízes Ordinários: Fernando de Sousa Pousado e Gabriel Furtado; vereadores: Vicente de Carvalho, Viríssimo Correia e Luís Batista e o Procurador Domingos Cordeiro.

A nova vila foi desmembrada do termo da Vila de Jacareí – sem ter sido freguesia, só criada pela Ordem de 3 de novembro de 1768 e instalada em 1769.

O Coronel José Arouche de Toledo Rondon, em uma pesquisa sobre as 11 antigas aldeias jesuíticas (*Memória das Aldeias de São Paulo*), em 1800, registra a grande pobreza da Vila de São José.

A principal dificuldade de São José era o fato de a "Estrada Real", que ligava São Paulo ao Rio de Janeiro, passar fora de seus domínios. O algodão teve uma rápida evolução na região quando São José conseguiu algum destaque e cuja produção atinge apogeu em 1864.

Em 22 de abril de 1864, pela Lei provincial nº 27, foi elevada a categoria de cidade. A Lei provincial nº 47, de 4 de abril de 1871, mudou-lhe a denominação para São José dos Campos. Pela Lei provincial n° 46, de 6 de abril de 1872, foi criada a Comarca de São José dos Campos.

A partir de 1871, o município passou por duas fases distintas: o desenvolvimento agrícola – com forte preponderância da cultura do café – e a criação da estância climática, consequência natural de seus bons ares.

Quase simultaneamente, há o desenvolvimento da cultura cafeeira no Vale do Paraíba que começa a ter alguma expressão a partir de 1870, já contando, inclusive, com a participação de São José.

No entanto, foi no ano de 1886, quando já contava com o apoio de uma estrada de ferro ligando São Paulo ao Rio de Janeiro, que mais tarde foi chamada de Estrada de Ferro Central do Brasil, inaugurada em 1877, que a produção cafeeira joseense teve seu auge, mesmo num momento em que já acontecia a decadência dessa cultura na região, conseguindo ainda algum destaque até por volta de 1930. A antiga estação de trem ficava na confluência da Rua Euclides Miragaia com a Avenida João Guilhermino, sendo transferida na década de 1920 para o seu lugar atual.

Em 15 de dezembro de 1909, a cidade parou para receber, na antiga estação de trem, o candidato a presidente da República Rui Barbosa apoiado pelos paulistas, na campanha civilista.

A inauguração da primeira rodovia que atravessava o Vale do Paraíba deu novo impulso à região. A Estrada São Paulo–Rio, que ligou São Paulo a Bananal, em 1924, foi construída pelo presidente do Estado de São Paulo Dr. Washington Luís, que, em 1928, já como presidente da República, concluiu a rodovia até a cidade do Rio de Janeiro. Essa estrada ainda existe, no trecho paulista, com diversas denominações, como SP-62, SP-64, SP-66 e SP-68 e é conhecida como Estrada Velha.

Na década de 1920, surgem as primeiras unidades industriais: a Laticínios Vigor, a Fábrica de Louças Santo Eugênio, a Cerâmica Paulo Becker, a Tecelagem Parahyba e a Cerâmica Weiss.

A procura de São José dos Campos para o tratamento de tuberculose pulmonar teria se tornado perceptível no início do século passado, devido às condições climáticas supostamente favoráveis. Entretanto, somente em 1935, quando o município foi transformado em estância climática e depois estância hidromineral, que São José passou a receber recursos oficiais que puderam ser aplicados na área sanatorial.

Foram sete os principais sanatórios: o Vicentina Aranha, pertencente à Santa Casa de São Paulo, inaugurado em 1924, pelo presidente de São Paulo Dr. Washington Luís; o Vila Samaritana, da comunidade evangélica; o Ezra, mantido pela comunidade judaica; o Maria Imaculada, da Igreja Católica; o Ruy Dória, criado e pertencente ao médico Dr. Ruy Dória; o Sanatório Antoninho da Rocha Marmo; e o Sanatório Adhemar de Barros, criado

Procissão na Praça São Dimas, anos 1960

PRAÇA S. DÍMA

pelo governador Dr. Adhemar Pereira de Barros. Os sanatórios foram, assim, esforço coletivo de todas as comunhões religiosas, de particulares e estadistas idealistas.

Muitos doentes que não conseguiam vagas nos sanatórios ficavam nas pensões, principalmente aquelas da rua Vilaça, perto do sanatório do Dr. Ruy Dória.

O processo de industrialização do município toma impulso a partir da instalação do ITA e do Centro Técnico Aeroespacial – CTA, em 1950, e posteriormente do Inpe e também com a inauguração da Rodovia Presidente Dutra em 1951, possibilitando assim ligação mais rápida entre Rio de Janeiro e São Paulo, pela primeira vez, em estrada asfaltada, e cortando a parte urbana de São José dos Campos. Nessa mesma época, doaram-se terrenos às margens da nova rodovia, onde se instalaram várias fábricas, iniciando-se a industrialização da cidade. Novo impulso foi dado com a duplicação da Rodovia Presidente Dutra em 1967.

Em 1969, a criação da Embraer, originada em um setor de desenvolvimento de aeronaves do CTA, chamado PAR, coloca São José em uma nova era de desenvolvimento tecnológico, gerando muitos empregos e mão de obra especializada, sendo atualmente a maior empregadora, e fazendo com que a cidade seja considerada a Capital do Avião. Fundamental para o desenvolvimento da Embraer foi a mão de obra especializada formada pelo ITA.

Em 1977, a inauguração da Revap trouxe mais empregos e tecnologia. Também nesse ano a cidade recuperou autonomia administrativa, voltando a eleger seus prefeitos.

Em 1994 é inaugurado um novo acesso à região de São José dos Campos, a rodovia Carvalho Pinto.

A conjunção desses fatores permitiu que o município caminhasse para o potencial científico-tecnológico em que se encontra.

Atualmente, em São José, funciona um parque tecnológico estadual, com instituições de ensino e de pesquisa na área de tecnologia voltadas para as indústrias típicas da cidade, como as áreas aeronáutica e aeroespacial.

São José dos Campos está localizada no entorno da Região Metropolitana de São Paulo (RMSP) e sua aglomeração urbana, com cidades vizinhas, já passa de 820 mil habitantes. Na Assembleia Legislativa existem propostas para a criação da Região Metropolitana do Vale do Paraíba.

Anel Viário

Parque da cidade
Vita geral

Parque da cidade
(Residência da Família)

Parque da cidade

Nesta página:

Parque Santos Dumont (Vila Adyana)

Parque Residencial (Tori) Aquarius

Página seguinte:

Vista do Banhado

Pôr do sol no Banhado

Decreto nº 9311, de 25 de outubro de 1884,
dá novos Estatutos às Faculdades de Medicina

# CRIAÇÃO DOS CURSOS DE ODONTOLOGIA NO BRASIL

Usando da autorização concedida pelo art. 2 § 7º da Lei nº 3.141 de 30 de outubro de 1882: Hei por bem que nas Faculdades de Medicina do Imperio se observem os novos Estatutos que com este baixam, assinados por Filippe Franco de Sá, do Meu Conselho, Senador do Imperio, Ministro e Secretario de Estado dos Negocios do Imperio, que assim o tenha entendido e faça executar.

Palacio do Rio de Janeiro em 25 de outubro de 1884, 63º da Independencia e do Imperio.

Com a rubrica de Sua Majestade, o Imperador

Filippe Franco de Sá

## ESTATUTOS DAS FACULDADES DE MEDICINA, A QUE SE REFERE O DECRETO Nº 9311 DESTA DATA

Art. 1º - Cada uma das faculdades de Medicina do Império se designará pelo nome da cidade em que tiver assento; será regida por um Director e pela Congregação dos Lentes, e se comporá de um curso de sciencias medicas e cirurgicas e de tres cursos anexos: o de pharmacia, o de obstetricia e gynecologia e o de odontologia.

MUSEUS DE ODONTOLOGIA DO BRASIL

Decreto de 1884 criando os cursos de odontologia no Brasil

# MEMÓRIAS

Afinal, o que são memórias? Não são simples lembranças ou meras recordações, apenas! Nada que retorna no tempo, trazendo de novo o passado. Não, memórias são um tipo especial de recordação, daquele tipo que já nem nos recordamos mais porque está tão presente em sua essência que nunca se torna passado. Memórias são, portanto, nosso inconsciente coletivo, atávico, mesmo quando desconhecido.

São aquelas lembranças que nem sabemos que temos, mas que nos fizeram como somos e marcam cada ato, explicam cada acontecimento e eternizam cada instante.

Em 1954, pelo Decreto nº 2.631, de 20/01/1954, foi criada a Faculdade de Farmácia e Odontologia na cidade de São José dos Campos, que depois de um ano foi integrada ao Sistema Estadual de Ensino Superior, isso em 20/01/1955. Nesse mesmo ano constituiu-se uma comissão para se proceder à instalação definitiva da Faculdade, integrada pelos professores: Carlos Aldrovandi (presidente da comissão), Paulo de Toledo Artigas e Francisco Degni.

Estava criada a Faculdade e com Comissão de instalação e tudo. Mas, nada evoluía, nada acontecia. Em 18 de setembro de 1958, o Senhor Governador do Estado designou para Diretor, da recém-criada Faculdade, o Professor Cervantes Jardim. Ainda em 1958, foi admitido o primeiro funcionário da casa, o Senhor Natalino Mauro, que depois veio a ser o seu primeiro Diretor Administrativo. Em 3 de agosto de 1959, foi autorizado o funcionamento da Faculdade e, para que o decreto não caducasse, a instituição precisava iniciar suas atividades letivas no início do ano seguinte (1960). Mas, como? Bem, com a ajuda da comunidade joseense!

Aí entra a figura importante, naquele momento crítico, do Senhor Elmano Ferreira Veloso, então Prefeito de São José dos Campos. Foi quem, frente à falta de tempo e dinheiro, fez as articulações políticas e econômicas necessárias para que a Faculdade fosse finalmente instalada em um espaço público do município. Foi em uma discreta sala de aula, com mais duas outras menores, que seriam destinadas às funções administrativas, e uma parte do pátio do Grupo Escolar

"Olympio Catão", que se iniciou o curso de graduação em Odontologia, naquele memorável dia 28 de março de 1960.

Em fevereiro de 1960, foi realizado o primeiro concurso de habilitação (nome que se dava ao vestibular da época). Estavam à espera dos futuros alunos: uma sala (a da diretoria); outra, abrigando a secretaria; uma sala um pouco maior, que se destinaria às aulas, e dois barracões de madeira e base em concreto para as aulas práticas e laboratoriais, além dos 11 docentes que dariam destino a isso tudo. Assim, no dia 28 de março de 1960, iniciaram-se as aulas do primeiro ano do curso de Odontologia da Faculdade de Farmácia e Odontologia de São José dos Campos, mas apenas com os 32 alunos da turma de Odontologia. Na verdade, nunca se concretizou o curso de Farmácia. Foi um ano difícil, dizem os remanescentes daquela época. Era preciso instalar uma rotina de secretaria, manter os laboratórios funcionando e preparar as instalações para o ano seguinte. Como sempre, não havia espaço nem recursos. Então, mais uma vez, entra em cena o Prefeito Veloso.

Conseguiu-se que a prefeitura cedesse, por empréstimo, mais um espaço. Foi um prédio, quase uma casa, na Rua Euclides Miragaia. A Faculdade, agora, funcionava em dois endereços. Um terceiro barracão de madeira juntava-se aos outros, abrigando os rudimentares equipamentos e móveis para as atividades de Anatomia, Histologia, Microbiologia e Fisiologia.

Ainda, em 1960, foi criado o Diretório Acadêmico "XXVIII de Março", onde os alunos fizeram seu reduto social e de lazer, coisas que, convenhamos, não dava muito para desfrutar devido à carga pesada de estudos a

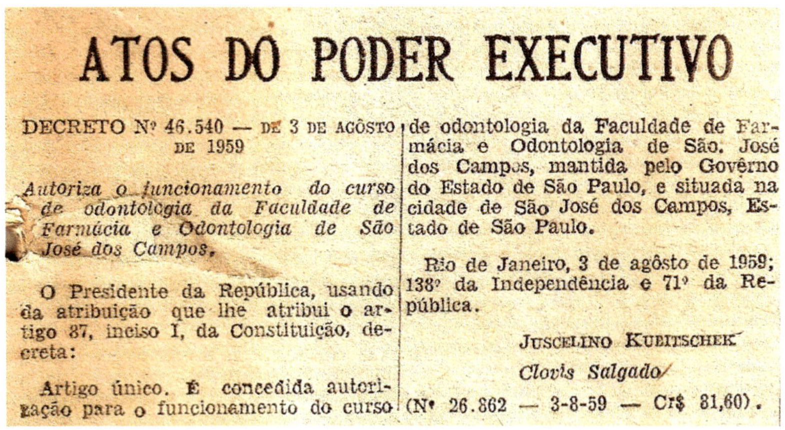

ATOS DO PODER EXECUTIVO

DECRETO Nº 46.540 — DE 3 DE AGÔSTO DE 1959

*Autoriza o funcionamento do curso de odontologia da Faculdade de Farmácia e Odontologia de São José dos Campos.*

O Presidente da República, usando da atribuição que lhe atribui o artigo 87, inciso I, da Constituição, decreta:

Artigo único. É concedida autorização para o funcionamento do curso de odontologia da Faculdade de Farmácia e Odontologia de São José dos Campos, mantida pelo Govêrno do Estado de São Paulo, e situada na cidade de São José dos Campos, Estado de São Paulo.

Rio de Janeiro, 3 de agôsto de 1959; 138º da Independência e 71º da República.

JUSCELINO KUBITSCHEK

*Clovis Salgado*

(Nº 26.862 — 3-8-59 — Cr$ 81,60).

Elmano Ferreira Veloso, prefeito de S. José dos Campos, um dos articuladores responsáveis pela instalação da Faculdade em um espaço público

Decreto de 3 de agosto de 1959 que autorizava o funcionamento da Faculdade

Professor Cervantes Jardim, primeiro diretor da Faculdade

que estavam submetidos. No ano de 1961, foi doado à faculdade um terreno, num novo loteamento que abrira no bairro de São Dimas, configurando-se como a primeira área não emprestada. Era o primeiro patrimônio independente da instituição. O Professor Cervantes Jardim, a cada ano que se seguia na vida da recém-criada Faculdade, trazia um novo grupo de profissionais renomados na arte do ensino odontológico. Esses pioneiros muito fizeram e se dedicaram ao engrandecimento da nova faculdade, planejando as futuras instalações do curso. Um novo e pujante prédio começou a ser construído em 1962. O curso já contava com três turmas de alunos e com 26 professores. Era uma verdadeira Instituição de Ensino Superior.

Grupo Escolar Olympio Catão

A prefeitura cedeu um pequeno espaço à Rua Euclides Miragaia. A Faculdade, inicialmente, funcionou em dois endereços

Em 1963, o Governo do Estado desapropriou uma área de 6.973,95 metros, contígua àquela que fora doada pela prefeitura. A faculdade se ampliava fisicamente e também o seu quadro docente, já que foram contratados os professores para o quarto ano do curso. Também, nesse ano, instalaram-se as clínicas necessárias para as turmas concluintes dos terceiro e quarto anos do curso. Em março de 1964, dos 32 alunos ingressantes, 26 colaram grau. Foi uma alegria contagiante. Destes jovens pioneiros, 13 voltaram mais tarde para integrar o quadro docente da escola. Enquanto isso, a construção do prédio avançava. Orgulhosamente, inspecionava-se a obra periodicamente. As instalações dos barracões eram progressivamente transferidas para o novo prédio, funcionando agora a escola em três endereços.

À medida que os barracões eram desocupados e devolvidos à prefeitura, a saudade e a nostalgia tomavam conta dos corações daqueles que por eles se iniciaram na vida acadêmica, culminando com o ingresso na vida profissional. As Ciências Básicas – como eram denominadas a Anatomia, a Histologia, a Microbiologia, a Bioquímica e a Fisiologia – passaram a funcionar no novo prédio, que é o da Administração, hoje. A Contabilidade e a Secretaria passaram para a casa da Rua Euclides Miragaia, sendo que um espaço (uma saleta) foi destinado à importante biblioteca, que já se fazia necessária.

Em 1969 teve início a construção dos seguintes prédios: Ciências Básicas, Biotério, Diretório Acadêmico e Portaria. Em janeiro de 1970, a faculdade passa a ser uma Autarquia de Regime Especial, com a denominação oficial de Faculdade de Odontologia de São José dos Campos, extinguindo, de vez, o curso de Farmácia que nunca fora iniciado. E assim, prosseguia o desenvolvimento da pequena faculdade, com novos docentes, mais alunos e funcionários. Nos anos de 1972 e 1973 foi aberto pelos alunos da Diretoria do Diretório Acadêmico um livro ouro para angariar fundos para a construção da tão sonhada quadra de esportes. A empreitada foi um sucesso, os recursos conseguidos com o livro ouro e com doações de algumas empresas da região foram suficientes para a execução da obra. Novas seções tiveram de ser incorporadas ao complexo que se fazia pertinente às demandas da época. A Vunesp (Fundação para o Vestibular da Unesp) teve a sua primeira atuação em janeiro de 1981, passando a realizar todos os concursos vestibulares para as Unidades Universitárias da Unesp, que fora criada em 20 de janeiro de 1976. Depois da direção paternal e pioneira do Professor Cervantes Jardim, tivemos a condução memorável, também, do Professor Gerson Munhoz dos Santos. Foram dias de construção e ampliação físicas. Foram anos de verdadeira pujança.

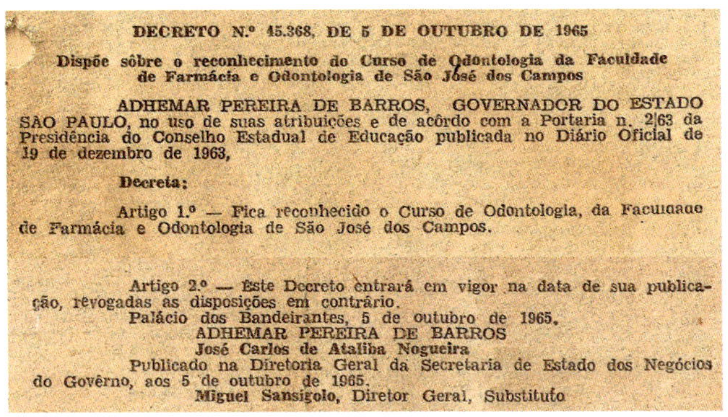

**DECRETO N.º 45.368, DE 5 DE OUTUBRO DE 1965**

**Dispõe sôbre o reconhecimento do Curso de Odontologia da Faculdade de Farmácia e Odontologia de São José dos Campos**

ADHEMAR PEREIRA DE BARROS, GOVERNADOR DO ESTADO SÃO PAULO, no uso de suas atribuições e de acôrdo com a Portaria n. 2|63 da Presidência do Conselho Estadual de Educação publicada no Diário Oficial de 19 de dezembro de 1963,

**Decreta:**

Artigo 1.º — Fica reconhecido o Curso de Odontologia, da Faculdade de Farmácia e Odontologia de São José dos Campos.

Artigo 2.º — Este Decreto entrará em vigor na data de sua publicação, revogadas as disposições em contrário.

Palácio dos Bandeirantes, 5 de outubro de 1965.

ADHEMAR PEREIRA DE BARROS

**José Carlos de Ataliba Nogueira**

Publicado na Diretoria Geral da Secretaria de Estado dos Negócios do Govêrno, aos 5 de outubro de 1965.

**Miguel Sansigolo,** Diretor Geral, Substituto

O Decreto nº 45.368 reconhecia o Curso de Odontologia da Faculdade de Farmácia e Odontologia de São José dos Campos

A partir de 1982 o número de vagas aumentou de 40 para 50 alunos anuais. Era preciso readaptar as instalações para abrigar o incremento do alunado. Em 1983, foi designada a quinta diretoria, constituída pelos professores Sylvio Simões e Roberto Antonio Nicodemo, respectivamente como Diretor e Vice-Diretor da instituição. Algumas reformas no prédio que abrigava as Básicas tiveram que ser efetuadas. Montou-se, naquele restrito espaço, um Laboratório de Apoio às Pesquisas (LAP). Nos anos de 1984 e 1985 iniciaram-se os esforços, que foram depois consolidados, de se equipar o laboratório e treinar o pessoal que nele seriam utilizados, principalmente em relação àqueles tidos como os mais sofisticados. E o processo evolutivo da Unesp continua. São iniciados os seminários para a discussão das políticas universitárias de pós-graduação e de informatização da Universidade e suas Unidades.

Com o ano de 1987 chega, também, a sexta Diretoria da FOSJC-Unesp, composta pelos professores Antenor Araújo e Roberto Antonio Nicodemo, propriamente Diretor e Vice-Diretor da entidade. O Professor Antenor era o primeiro ex-aluno a ocupar o cargo de Diretor da faculdade. O processo de integração e consolidação da instituição continua, agora, com a definição de uma política de informática da Unesp, que foi redistribuída por todas as Unidades Unespianas. Tudo precisava ser enquadrado nessa exigência de modernização do sistema de comunicação e o STI – Serviço Técnico de Informática foi, então, implantado.



Terreno doado pela prefeitura para a construção da faculdade. Primeiro prédio construído, hoje, Administração

PARE
CENTRO ACADEMICO
203

Vista aérea do *câmpus*. Primeiro edifício e novos em construção

Primeira edificação da faculdade

Duas vistas do prédio de Ciências Básicas, em construção

Construção do Biotério

Edifício de Clínicas em construção, 1972

Quadra esportiva, 1972/73

O Serviço de Triagem de Pacientes e de Assistência Social da faculdade foi reformulado para atender às novas demandas e perfis dos pacientes, que já não eram os da época dos primórdios da escola. O Setor de Esterilização da faculdade teve de ser reestruturado e ampliado para atender ao aumento, tanto de alunos como de pacientes, assim como o Setor de Imageologia. Os cuidados com as chamadas doenças imunodeficientes tiveram que ser acurados e estabelecidos com rigor para todos os segmentos envolvidos com o contato e assistência ao paciente. Estabeleceram-se novos protocolos de atendimento e terapêutica e seus resultados, anotados. Por essa época, concretizou-se um sonho antigo da comunidade do câmpus, o início da construção da Creche para os pequeninos dos servidores e, porventura, dos alunos.

Com o ano de 1991 veio a sétima Diretoria, liderada pelos professores Rogério Lacaz Netto, Diretor, e Jaime Freitas Ribeiro, Vice-Diretor. Foi inaugurado o CCI – Centro de Convivência Infantil, ao lado do Diretório Acadêmico. Os docentes, agora, tinham outra preocupação, além das de ensino e pesquisa: era a da titulação ou progressão acadêmica, implicando dedicações maiores à pós-graduação. Iniciaram-se os cursos de Mestrado e Doutorado dos Programas de Pós-Graduação da FOSJC, exigindo maior dedicação por parte dos docentes e requerendo continuidade de estudos aos graduandos. A complexidade da vida intelectual começava a ser sentida no âmbito da academia local, levando à agitação própria que assinala a vida universitária.

A chegada de 1995 trouxe a nova Diretoria, a oitava da instituição. Era formada pelos professores José Eduardo Junho de Araújo, Diretor, e Franklin Edgard de Moura Campos, Vice-Diretor. Era, o diretor, mais um ex-aluno. E foi mais um período fértil de realizações e empreendimentos.

A Biblioteca foi informatizada, modernizada em seu espaço físico, e seu mobiliário substituído, o que lhe conferiu maior comodidade e agilidade em relação à sua utilização. Além disso, sem querer relatar minuciosamente os feitos de cada diretoria, o que incorreria em esquecimentos e que seria mais apropriado a um relatório de gestão, as obras se sucederam até esgotar o exíguo espaço geográfico do câmpus. Foi construído o CCC – Centro de Convivência do câmpus, congraçando, ainda mais, os servidores.

E veio a próxima Diretoria, agora com uma ex-aluna. A Professora Maria Amélia Máximo de Araújo foi a primeira a exercer o cargo de diretora desta escola. O seu Vice-Diretor foi o Professor Paulo Vilela Santos Júnior, este, igualmente, também ex-aluno da casa. Parecia que nada mais poderia ser feito, já que o nosso assentamento estava em seu limite. Mas, qual nada. Construi-se um prédio, que abrigaria as novas salas de aula da faculdade. Era uma verdadeira Central de Salas de Aula. A quadra de esportes foi finalmente coberta e o CCI, renovado. Foi um período de poeira e concreto; de escavações e pilares. E, com tudo isso, veio o curso noturno. Atendendo aos anseios da Reitoria em fazer cumprir a Carta Magna, vieram os cursos demandados pela população que trabalha e que tem o legítimo direito de progredir intelectualmente, em nível superior.



Antigo laboratório da Faculdade

Reformulou-se o prédio da Administração com a reforma da Diretoria e Diretoria Técnica Acadêmica, onde antes eram salas de aula. Em 2003, entronizava ao câmpus a diretoria seguinte, trazendo como Diretor o Professor Paulo Vilela Santos Júnior e, como Vice-Diretor, o Professor José Roberto Rodrigues. Ambos, ex-alunos, teriam agora a difícil tarefa de prosseguir com a missão legada pelos seus competentes antecessores. Pelo lado da Vice-Diretoria, a Extensão Universitária começava a ganhar uma nova forma de ser entendida e realizada. O atual Diretor delegou ao seu vice a tarefa de aplicar à realidade universitária do câmpus o que já estava contido e adormecido no Estatuto e Regimento da Unesp, concernentes à extensão. A Unidade ainda contou com o privilégio e a competência da Professora Maria Amélia Máximo de Araújo, que havia sido Diretora da faculdade e que, agora, cumpria as honrosas e merecidas funções de Pró-Reitora de Extensão Universitária da Unesp, para desenvolver melhor e seguramente as atividades extensionistas locais.

A Unesp começava a estruturar, por fim, a sua atividade-fim mais acanhada, até então. Hoje, a extensão universitária tem o seu merecido lugar na academia toda e tem evoluído de maneira a exigir, volta e meia, simpósios, congressos e publicações importantes no cenário nacional e internacional. Foram criados: a LUSB – Liga Universitária de Saúde Bucal, a Odonto Jr. (segunda empresa júnior na área de Odontologia, no mundo, na ocasião). Os eventos de extensão universitária proliferaram no câmpus, refletindo o que ocorria na Proex – Pró-Reitoria de Extensão Universitária.

A gestão do Professor Paulo Vilela iniciou um substancioso processo de renovação dos corpos docente e administrativo da escola, visando superar a complexidade advinda do engrandecimento contínuo da instituição.

No ano de 2007, instalou-se a atual diretoria, tendo como Diretor o Professor José Roberto Rodrigues e como Vice-Diretor o Professor Carlos Augusto Pavanelli. A faculdade, pela sua própria constituição, abrigando e oferecendo dois cursos de Odontologia (Integral e o Noturno), carecia de uma reestruturação institucional. Urgia, para os tempos de hoje, como para qualquer e toda organização educacional que vise ao futuro de seus egressos baseados em qualidade, cidadania e competência, um Planejamento Estratégico. Constituiu-se uma força-tarefa para que a Missão, a Visão de Futuro e os Valores institucionais fossem estabelecidos para as comunidades interna e externa. Era uma questão vital para a sobrevivência da faculdade essa postura, que se mostrou acertada, visto que quase simultaneamente a própria Universidade, como um todo, entendeu e implementou a formulação democrática e coletiva de seu planejamento estratégico, que culminou com o seu imponente e ousado PDI – Plano de Desenvolvimento Institucional. Esse plano é hoje uma realidade e motivo de muito orgulho para a FOSJC-Unesp, pois, além de ser nutrido pelo PDI da instituição-mãe, com ele e dele se completa.

Cumprindo o que foi dito anteriormente, de que essas memórias não devem ter por intuito ser um relatório de gestão, concluímos com a menção do nosso cursinho pré-vestibular, o Prevest. Foi uma idealização da Proex, para toda a universidade e que aqui se encontrou com

a voluntariedade e competência do Professor Pavanelli. Tem sido a coqueluche da Vice-Diretoria e a grande motivação dos alunos de graduação da faculdade, além de ter um contingente de profissionais voluntários da cidade de São José dos Campos.

Finalizam-se essas caras memórias com a percepção nítida de que não podemos olvidar o passado. Ele é o nosso timão, o nosso porvir jubiloso, como o que agora comemoramos. Feliz 50 anos! querida FOSJC-Unesp, e outros muitos cinquenta por vir!

| Professora Doutora Stela Maria Ouvinhas Rossetini
| Professor Adjunto José Roberto Rodrigues
| Professor Adjunto Clovis Pagani

Antiga clínica da Faculdade

Trépano a pedal, inventado por
James Beal Morrison, 1871

## Histórico da Unesp

A Unesp (Universidade Estadual Paulista "Júlio de Mesquita Filho") é uma das maiores e mais importantes universidades brasileiras, com destacada atuação no ensino, na pesquisa e na extensão de serviços à comunidade. Mantida pelo Governo do Estado de São Paulo, é uma das três universidades públicas, ao lado da USP (Universidade de São Paulo) e da Unicamp (Universidade Estadual de Campinas). Há, no entanto, uma peculiaridade que a distingue das demais: é a única universidade presente em praticamente todo o território paulista. Sua estrutura multicâmpus está presente em 23 cidades, sendo 21 no Interior; um na Capital do Estado, São Paulo; e um em São Vicente – o primeiro de uma universidade pública no Litoral Paulista. Criada em 1976, a partir de institutos isolados de ensino superior que existiam em várias regiões do Estado de São Paulo, a Unesp tem 32 unidades, que oferecem 168 opções de cursos de graduação em 64 profissões de nível superior, que formam, por ano, 6 mil novos profissionais e são responsáveis por 115 programas, que oferecem 110 mestrados acadêmicos, 4 mestrados profissionais e 91 doutorados acadêmicos.

### Ensino

Os mais de 3,4 mil professores garantem sólida formação aos alunos. Mais de 6,8 mil funcionários colaboram decisivamente para que as atividades sejam desenvolvidas da melhor forma possível. A Unesp oferece 168 opções de cursos de graduação, sendo 51 de Exatas, 70 de Humanidades e 47 de Biológicas. Na graduação, os mais de 35 mil alunos podem participar de programas especiais de treinamento e realizar atividades extracurriculares. Têm ainda a possibilidade de atuar em empresas juniores, prestando diferentes tipos de serviços, como consultoria, assessoria, elaboração de projetos e pesquisas de opinião. Na pós-graduação, mais de 12 mil alunos estudam em 115 programas, com 110 mestrados acadêmicos, 4 mestrados profissionais e 91 doutorados acadêmicos. Há ainda 2,3 mil estudantes em cursos *lato sensu*.

Fachada da Reitoria da Unesp,
na Rua Quirino de Andrade, 215, São Paulo

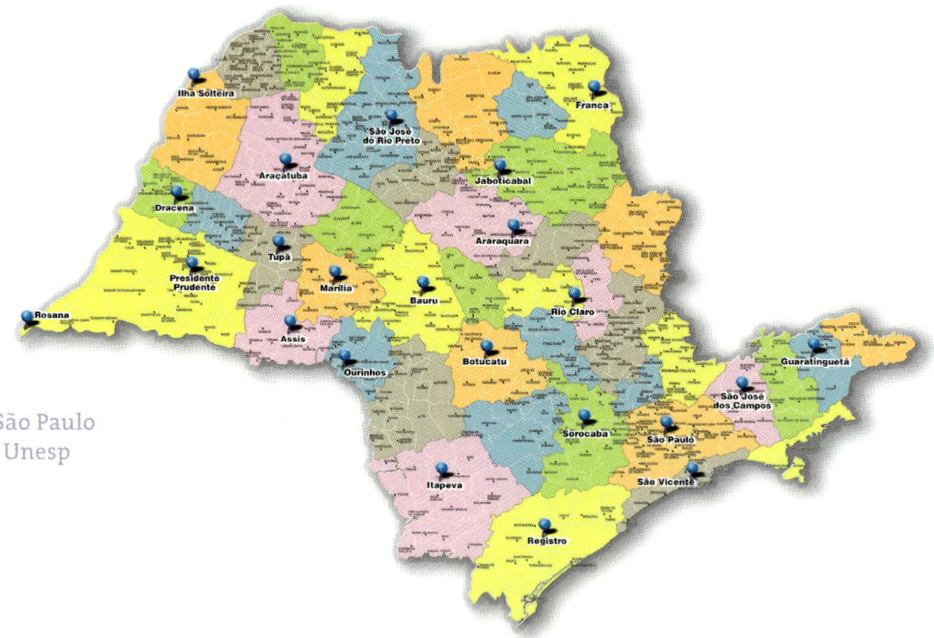


Mapa do Estado de São Paulo
com as unidades da Unesp
assinaladas

## Unesp – símbolo de equilíbrio, força e estrutura

O triângulo equilátero simboliza equilíbrio, força e estrutura.
Ao ser girado, apresenta diferentes compreensões: com base horizontal transmite estabilidade e firmeza; apoiado sobre uma de suas pontas, age no limite do equilíbrio. Os três vértices simbolizam a estruturação tríade que é forte característica da Unesp:
Suas atribuições: Ensino, Pesquisa e Extensão Universitária;
As três áreas científicas: Biológicas, Exatas e Humanas; Corpos Docente, Discente e Técnico-Administrativo.

Os doze triângulos, que formam o mapa do Estado de São Paulo, simbolizam as cidades que comportavam os Institutos Isolados que, a partir da criação da Unesp, foram transformados nas primeiras Unidades Universitárias.
Como setas, que apontam para várias direções, representam a irradiação do conhecimento.
Estas linhas criam uma malha que simboliza a integração entre as Unidades Universitárias, reforçando a condição de Universidade multicâmpus abrangendo todo o Estado de São Paulo; suas extremidades abertas sugerem a expansão da instituição, além dos limites do Estado e do País, nos seus diferentes campos de atuação.

Estes dois focos ilusórios, que saltam aos olhos por efeito óptico, simbolizaram, na época de sua criação, os dois extremos da breve história da Universidade, a mais nova e a mais antiga Unidade, respectivamente, o câmpus de Ilha Solteira, então recém-criado, e a Faculdade de Farmácia e Odontologia de Araraquara, atuante desde a década de 20.

Assinatura do decreto que criou a Unesp. Da esquerda para a direita: Manoel Gonçalves Ferreira Filho (vice-governador), Paulo Egydio Martins (governador), José Bonifácio Coutinho Nogueira (secretário de Educação)

### Incentivos ao Estudante

Os alunos da Unesp contam com uma série de estímulos para seu aprimoramento. Há diversas modalidades de auxílio, como bolsas de estudo, Programa de Apoio ao Estudante, Auxílio-estágio e Incentivo Técnico-Acadêmico e de Extensão, alcançando 6 mil benefícios, além de auxílio aluguel e moradias que atendem a mais de 1,6 mil alunos.

**Iniciação Científica** – Visa ao desenvolvimento de projetos de pesquisa, sob orientação de um professor.

**Programa de Educação Tutorial (PET)** – Tem como objetivo criar condições para o desenvolvimento de atividades não previstas no currículo.

**Empresas Juniores** – Formadas por grupos de alunos, as empresas juniores prestam diferentes serviços remunerados à comunidade, tais como consultoria, assessoria, pesquisa de opinião e elaboração de projetos.

**Pesquisa Científica**

A Unesp está entre as instituições que mais produzem ciência no Brasil, em todas as áreas. Os alunos são estimulados, desde a graduação, a participar de projetos de pesquisa por meio de um conceituado programa de iniciação científica. A Universidade é um exemplo em pesquisa em todas as áreas do conhecimento, e os alunos de graduação podem participar dessas pesquisas, auxiliando professores ou desenvolvendo seus próprios projetos de iniciação científica.

**Extensão** – Os projetos de extensão universitária buscam repassar à sociedade os conhecimentos da Universidade. Em contrapartida, professores e alunos recebem dados valiosos para o aprimoramento de suas atividades de ensino e pesquisa. A Unesp destaca-se pela quantidade e qualidade dos serviços que presta à comunidade. Entre eles, podem-se enumerar atendimento médico (252 mil consultas ambulatoriais, 994 nascimentos e 12 mil cirurgias anuais) e odontológico, assessoria jurídica a pessoas carentes, orientação a micro e pequenos empresários, atendimento psicopedagógico a crianças com problemas de aprendizagem e previsão do tempo para agricultores. Os futuros médicos e enfermeiros praticam no Hospital de Clínicas, e os alunos de Direito prestam assessoria jurídica. Alunos de Pedagogia, Fonoaudiologia e Psicologia atendem crianças com problemas de linguagem e de aprendizagem. Na área de Agronomia, Veterinária e Zootecnia, os beneficiados pela universidade são os pequenos e médios produtores rurais. As atividades do Centro Jurídico Social atingem 107 audiências, 420 triagens e entrevistas, 75 visitas domiciliares e 850 encaminhamentos, beneficiando 420 usuários cadastrados e 7.476 não cadastrados.

## Fundações

### Fundação Editora Unesp

A Fundação Editora Unesp tem aproximadamente mil livros editados e 300 obras com direitos autorais adquiridos. Braço editorial da Universidade, é uma instituição moderna e ágil, voltada à difusão do conhecimento produzido pela Unesp, por outros centros acadêmicos de excelência no Brasil e no Exterior e por intelectuais em geral. Com uma linha editorial criteriosa e abrangente, mediante um amplo trabalho de divulgação e comercialização, mantém efetivo diálogo com as várias entidades do livro no Brasil, na América Latina, no Caribe e em países da Europa.

### Fundação para o Desenvolvimento da Unesp

A Fundação para o Desenvolvimento da Unesp – Fundunesp propicia apoio a parcerias e estímulo à docência e à pesquisa. A grande missão da Fundação é fazer isso por meio de diferentes formas de parceria, intervindo e efetuando canais de cooperação com instituições sociais e empresas públicas e privadas. A instituição auxilia a tornar mais eficiente a interação da Universidade com a sociedade, em áreas como educação, meio ambiente, relações de trabalho, saúde, artes, desenvolvimento social, produção agropecuária, extrativa e industrial.

### Fundação para o Vestibular da Unesp

Para a realização de vestibulares e outros concursos públicos, existe a Fundação para o Vestibular da Unesp – Vunesp. Entre suas atividades, estão o planejamento, a organização, a execução e a supervisão de vestibulares e concursos diversos, para a Unesp e para outras instituições públicas ou privadas.

**Vestibular** – Considerado por especialistas do setor um dos melhores concursos de ingresso ao ensino superior do País, o Vestibular da Unesp atrai um número crescente de candidatos. Houve 82.941 candidatos para 7.004 vagas nos Vestibulares de 2009.

### Infraestrutura

A infraestrutura da Universidade inclui 1.900 laboratórios e 30 bibliotecas, com 894 mil livros. Além disso, há, à disposição de alunos e professores, museus, hortos, biotérios, jardins botânicos e cinco fazendas experimentais, perfazendo uma área total de 62,4 milhões de $m^2$, sendo 745,1 mil $m^2$ de área construída. A Unesp conta ainda com o importante Hospital de Clínicas, com 442 leitos, e administra o Hospital Estadual Bauru, com outros 380 leitos. Somam-se a esse formidável conjunto, também, hospitais veterinários e clínicas de odontologia, psicologia, fonoaudiologia e fisioterapia.

### Números da Unesp

Cidades: 23
Faculdades e Institutos: 32
Unidades Complementares: 7
Colégios técnicos: 3 (7 cursos técnicos e 3 de nível médio / Carreiras 64)

São aproximadamente 6 mil novos graduados e 2,2 mil pós-graduados por ano

Cursos
Graduação: 168
Pós-graduação: 115 programas, que oferecem 110 mestrados acadêmicos, 4 mestrados profissionais e 91 doutorados acadêmicos

Alunos
Graduação: 35.026
Pós-graduação (*lato sensu / stricto sensu*): 15.290
Total: 50.316

Professores: 3.425
Funcionários: 6.880

Infraestrutura
Área total: 62.468.464,55 m$^2$
Área construída: 745.192,31 m$^2$
30 bibliotecas (894.407 livros, 27.932 títulos de periódicos)
5 Fazendas de Ensino e Pesquisa
1 Hospital de Clínicas (418 leitos)
3 Hospitais Veterinários
Atendimento odontológico em 3 câmpus
Centro de Oncologia Bucal
Centro de Assistência Odontológica a Excepcionais
Centro Jurídico Social
1.900 laboratórios
Orçamento de 2010: R$ 1.495.575.135,00

*Reitor*
Professor Titular Herman Jacobus Cornelis Voorwald
*Vice-Reitor*
Professor Titular Julio Cezar Durigan
*Pró-Reitora de Graduação*
Professora Titular Sheila Zambello de Pinho
*Pró-Reitora de Pós-Graduação*
Professora Titular Marilza Vieira Cunha Rudge
*Pró-Reitora de Pesquisa*
Professora Titular Maria José Soares Mendes Giannini
*Pró-Reitor de Administração*
Professor Titular Ricardo Samih Georges Abi Rached
*Pró-Reitora de Extensão Universitária*
Professora Titular Maria Amélia Maximo de Araujo

*Diretor*
Professor Adjunto José Roberto Rodrigues

*Vice-Diretor*
Professor Doutor Carlos Augusto Pavanelli

Diretor e Vice-Diretor da FOSJC–Unesp,
Gestão: agosto de 2007 a agosto de 2011

## Ensino

### A graduação

O curso de Odontologia é embasado em projeto pedagógico atualizado, compatível e atento às necessidades de uma nova concepção de profissionais para a saúde do País, atendendo às Diretrizes Curriculares Nacionais. A Faculdade possui salas de aula equipadas com recursos de auxílio didático atualizados, modernos laboratórios e clínicas multidisciplinares integradas, todos cuidadosamente planejados para oferecer aprendizado e treinamento de alto nível aos estudantes.

Nesse período formaram-se 2.288 alunos, sendo 2.112 no período integral e 186 no período noturno.

| Prof. Dr. João Carlos da Rocha – coordenador
| Prof. Adjunto Dr. Lafayette Nogueira Júnior – subcoordenador

### Pós-Graduação: histórico

Em 1986, foi designada pelo Prof. Dr. Sylvio Simões, Diretor da FOSJC, a primeira Comissão de Pós-Graduação, composta pelos Profs. Drs. Rolf Rode – Coordenador; Henrique Cerveira Netto – Vice-Coordenador; Membros: Alberto Sansiviero e João Vieira de Moraes; Suplentes: Marco Antonio Bottino e Ruy Fonseca Brunetti, para criar um programa de pós-graduação *stricto sensu*.

Em 4 de agosto de 1987, foi feita a primeira solicitação para a Unesp de criação de um Curso de Pós-Graduação da Faculdade de Odontologia de São José dos Campos em nível de Mestrado. Foi o primeiro Curso na Área de Prótese Buco-Maxilo-Facial do Brasil.

Em 24 de março de 1988, foi aprovado no Conselho Universitário da Unesp o Curso de Pós-Graduação em Odontologia, Área de Concentração em Prótese Buco-Maxilo-Facial, nível de Mestrado – Resolução Unesp n° 13 de 29/03/88, retificado em 31/03/88. Era Diretor da FOSJC o Prof. Tit. Antenor Araújo que designou os Profs. Drs. Rolf Rode e Henrique Cerveira Netto, respectivamente Coordenador e Vice-Coordenador (gestão: 20/06/1986 a 30/06/1988). Como membros do Conselho: Profs. Drs. Marco Antonio Bottino, Suplentes: Gerson Munhoz dos Santos

## Emblema da Faculdade

Autor: Guilherme de Almeida (poeta e heraldista)
Tipo heráldico: Brasão

**Interpretação:** em campo de blau (azul) um archote flamante de ouro enlaçado por serpe do mesmo, assentado em campanha (campo) de sinople (verde) e encimado por uma flor-de-lis de prata em chefe.

**Simbolismo:** os dois "esmaltes": verde da ponta referente a "campo" (São José dos Campos); o azul, céu com lírio, emblema do Patriarca São José.

**A alegoria central:** facho e serpente, isto é, a vitória e a ciência médica enlaçados.

Obs: Aprovado pelo Conselho Estadual de Educação, por meio da Câmara de Ensino Superior, em 1º de fevereiro de 1965.

A Faculdade de Odontologia do câmpus de São José dos Campos, hoje comemorando seus 50 anos de instalação, com enorme esforço para otimizar medidas e recursos, vem promovendo seu desenvolvimento e conseguindo, dentro da comunidade unespiana, reconhecimento e credibilidade.

**Missão:** promover com excelência Ensino, Pesquisa e Extensão por meio de profissionais qualificados e inovações tecnológicas, visando ao desenvolvimento humano e à integração das necessidades da sociedade com as da Faculdade de Odontologia de São José dos Campos, da Unesp.

**Visão:** ser uma instituição de referência em ensino superior, na área de Odontologia, no País.

**Valores:** as atividades da Unesp de São José dos Campos privilegiam ações humanizadas a partir dos seguintes valores:

- Ética: transparência, equidade e probidade.
- Comprometimento: responsabilidade e pontualidade
- Resolutividade: eficiência e eficácia
- Liderança: criatividade, inovação e agilidade.

e Ruy Fonseca Brunetti. Na ocasião foi criada a Seção de Pós-Graduação.

Durante a gestão: 1°/07/1988 a 30/06/1990, a Coordenação ficou a cargo dos Profs. Drs. Rolf Rode – Coordenador e João Vieira de Moraes – Vice-Coordenador.

Nos dias 4 e 5 de agosto de 1988 foi feita a matrícula da primeira turma com dez alunos, sendo oito Docentes da casa.

No dia 04 de outubro foi ministrada a aula inaugural, com a presença do Prof. Dr. Paulo Milton Barbosa Landim, no exercício da Vice-Reitoria da Unesp.

Em 27 de julho de 1989 foi contratado o Prof. Dr. Sigmar de Mello Rode como Docente com funções exclusivas para a Pós-Graduação.

Na gestão de 1°/07/1990 a 30/06/1992, a Coordenação ficou a cargo dos Profs. Drs. Rolf Rode – Coordenador e João Vieira de Moraes – Vice-Coordenador.

Prof. Dr. Rolf Rode

Em 1992 foram reeleitos o Conselho e a Coordenação do Curso.

No dia 14 de agosto de 1992, foi realizada a primeira Defesa de Dissertação. Estava consolidado o curso.

Na gestão de 1°/07/1992 a 31/07/1992, a Coordenação do Curso ficou a cargo dos Profs. Drs. Marco Antonio Bottino e Henrique Cerveira Netto, respectivamente Coordenador e Vice-Coordenador. Posteriormente, foram empossados – para a gestão de 03/08/1992 a 30/06/1994 – os Profs. Drs. Rolf Rode e Henrique Cerveira Netto, respectivamente Coordenador e Vice-Coordenador.

Para a Coordenação e Vice-Coordenação, na gestão de 1°/07/1994 a 30/06/1996, foram empossados os Profs. Drs. Sigmar de Mello Rode e Lauro Cardoso Villela.

Em 24 de agosto de 1994, o Prof. Dr. Rolf Rode se aposentou e recebeu o título de Professor Emérito, em 11 de fevereiro de 1995.

No biênio 1995/1996 o Programa obteve o conceito máximo "A", na avaliação da Capes.

Em 23 de janeiro de 1996 foi autorizada, pela Resolução Unesp n° 11, a implantação do nível de Doutorado na Área de Concentração em Prótese Buco-Maxilo-Facial. O curso foi iniciado em 1997, com três alunos. A primeira defesa de Doutorado ocorreu no dia 05 de junho de 2000.

Foi reeleita a Coordenação do Curso, na gestão de 1°/07/1996 a 30/06/1998.

Na gestão de 1°/07/1998 a 30/06/2000, a Coordenação do Curso ficou a cargo dos Profs. Drs. José Roberto Sá Lima e Sigmar de Mello Rode, respectivamente Coordenador e Vice-Coordenador.

dade orçamentária. Coube ao Prof. José Benedicto, conta a história, defender o projeto, justificando que o impacto seria mínimo pelo fato de a Unidade possuir infraestrutura e professores qualificados em quantidade suficiente para o desenvolvimento de um curso inédito na Unesp. Esse ineditismo era devido à abrangência do seu conteúdo, que atendia às condições para a formação de um profissional generalista.

O Projeto recebeu parecer favorável dos Professores Paulo Sergio Perri de Carvalho e Pedro Magalhães Lacava – Relatores da CCPG, após visita ao câmpus (Parecer Final emitido em 11/10/1991, pelo Professor Paulo Sergio Perri de Carvalho). A CCPG, em sessão de 24/10/1991, aprovou – por unanimidade de votos – a criação da Área de Concentração em Odontologia Restauradora. O Cepe, em sessão de 19/11/1991, endossou o parecer favorável da CCPG. Em 23/04/1992, após referendo da aprovação do CO (sessão de 31/03/1992), foi baixada a Resolução Unesp 24, de 07/05/1992, publicada no *Diário Oficial do Estado* de 08/05/1992, assinada pelo Professor Paulo Milton Barbosa Landim – Reitor.

Enquanto o processo era preparado para ser protocolado no MEC, iniciamos o Curso com a 1ª Turma de Mestrado em 1992.

Felizmente, os Professores Wellingtom Dinelli, Maria Salete Machado Candido, Sizenando de Toledo Porto Neto, Celso Luis De Angelis Porto e Ari Jose Mendes (Araraquara), além de Jorge Komatzu e Renato Herman Sundfeld (Araçatuba), com experiência acumulada em vários anos de atividade em Cursos de Pós-Graduação, aceitaram colaborar na formação da primeira Turma do Curso de Mestrado.

No dia 21/07/1993 o Prof. José Benedicto de Mello foi até Brasília, viajando pela Transbrasil, protocolar o processo, com 4 pastas contendo toda a documentação exigida, para reconhecimento do Curso e na expectativa de poder receber a Taxa Acadêmica e Bolsa de Estudo para os Alunos. Convém registrar que, na época, como a nossa Unidade não tinha recursos para aquisição das passagens (ida e volta), todas as despesas de viagem para Araraquara, Araçatuba, Bauru, Marília e Brasilia foram custeadas pelo Prof. José Benedicto de Mello (aproveitamos para reconhecer tal gesto de magnanimidade e agradecer ao idealismo do citado professor, embora com um pequeno atraso de 17 anos).

Na 2ª Turma de Mestrado, em 16/02/1995, foram selecionados 6 alunos, entre os 16 candidatos inscritos. Nessa turma, a Capes destinou duas bolsas de estudo.

A partir dessa data a equipe de professores da FOSJC-Unesp, já confiantes e integrados ao sistema de Pós-Graduação, sentiu-se capaz para desenvolver a programação com menos professores colaboradores. Isso se deveu, principalmente, pela necessidade de maior produção científica cobrada pela Capes, sendo assim dispensados os Professores das Unidades de Araraquara e Araçatuba. Também é o momento para agradecermos a preciosa e salutar colaboração desses docentes abnegados e fraternos.

Em 1996 iniciou-se a 1ª Turma do Doutorado. Assim, estava consolidado e em franca evolução o Curso de Pós-Graduação da FOSJC-Unesp, sonho nosso e realidade para os seus alunos.

Hoje, o Programa pretende formar e capacitar profissionais da área odontológica, produzir conhecimento científico e prestar assistência odontológica, visando à saúde e à qualidade de vida, tendo como principal objetivo ser um centro de excelência internacionalmente reconhecido. Sua base de valores são a ética, o humanismo, a responsabilidade social e o compromisso institucional.

Assim, o Programa de Pós-Graduação em Odontologia Restauradora possui três áreas de concentração: Dentística, Endodontia e Prótese Dentária e no ensino tem como objetivo formar mestres e doutores com capacidade de ministrar disciplinas teóricas e práticas na graduação e pós-graduação, elaborar propostas curriculares, produzir material didático, redigir textos, realizar pesquisas e orientar alunos da graduação nas atividades acadêmicas e de pesquisa. Neste último setor permite-se que docentes e alunos se desenvolvam cientificamente e consequentemente fortaleçam projetos e linhas de pesquisa.

As linhas de pesquisa atuais do Programa são: Avaliação Clínica e Laboratorial de Materiais e Técnicas Endodônticas; Avaliação *in vitro* e *in vivo* de medicamentos de uso sistêmico e local, materiais obturadores, instrumentos para uso endodôntico e técnicas de interesse na prática endodôntica; Avaliação Clínica e Laboratorial de Materiais e Técnicas Restauradoras; Implantes Ósseo-Integrados; Avaliação *in vitro* e *in vivo* de materiais e técnicas de implantes; Novas Tecnologias Aplicadas a Odontologia; Traumatismo Dental e Tratamento Restaurador.

Para isso também o programa mantém como meta a captação de recursos financeiros e a realização de intercâmbios com instituições e centros de pesquisa nacionais e internacionais.

A estrutura curricular do programa conta, atualmente, com 32 disciplinas, alinhadas às áreas de concentração e às linhas de pesquisa, permitindo ao aluno obter conhecimento e apoio para o desenvolvimento de seus projetos.

Seguindo as tendências técnico-científicas que envolvem a Pós-Graduação no Brasil, e tendo como fundamento supremo as orientações formais da Capes, nosso programa tem procurado satisfazer indicadores visíveis de qualidade, os quais foram explicitados anteriormente, além dos que surgiram atualmente (internacionalização, interdisciplinaridade e integração com outros programas e instituições) e, principalmente, a valorização da graduação institucional que lhe dá suporte e matéria-prima. Salientamos, também, a intensificação da internacionalização, interdisciplinaridade e integração com programas de outras instituições (Minter/Dinter), que são as claras intenções e metas, tanto da Capes, da Pró-Reitoria de Pós-Graduação da Unesp (PROPG) e do PDI da Universidade.

O Curso recebeu conceito 4 na avaliação Capes (triênio: 2001-2003), e desde 2004 essa classificação vem sendo mantida.

Até hoje, atuaram, como Coordenadores do Curso de Pós-Graduação, os Docentes:

• Área de Prótese Buco-Maxilo-Facial – períodos: 1º/07/1994 a 30/06/1996 e de 1º/07/1996 a 30/06/1998 – Prof. Sigmar De Mello Rode; período: 1º/07/1998 a 30/06/2000 – Prof. José Roberto

Sá Lima; e no período de 1º/07/2000 a 30/06/2002 – Prof. Maximiliano Piero Neisser.

• Área de Odontologia Restauradora – período: 1º/07/1994 a 30/06/1996 – Prof. José Benedicto de Mello; período: 1º/07/1996 a 30/06/1998, e de: 1º/07/1998 a 30/06/2000 – Profa. Maria Amélia Maximo de Araujo; período: 1º/07/2000 a 30/06/2002, período: 1º/07/2002 a 31/05/2004 e de 1º/06 a 02/08/2007 – Profa. Marcia Carneiro Valera; período: 1º/06/2004 a 31/05/2007 e de 03/08/2007 a 31/05/2010 – Prof. Clovis Pagani.

E como Professores Permanentes e Colaboradores, nas Especialidades de Dentística, os Docentes: Professor Assistente Doutor Carlos Rocha Gomes Torres, Professor Adjunto Clovis Pagani, Professor Assistente Doutor Eduardo Galera da Silva (em treinamento), Professor Assistente Doutor João Carlos da Rocha (em treinamento), Professor Adjunto José Roberto Rodrigues, Professora Titular Maria Amélia Maximo de Araujo, Professora Adjunto Rebeca Di Nicoló, Professora Adjunto Sérgio Eduardo de Paiva Gonçalves e Professora Assistente Doutora Suely Carvalho Mutti Naressi (em treinamento), e Professora Assistente Doutora Symone Cristina Teixeira (em treinamento); Prótese Dentária, os Docentes: Professor Adjunto Alvaro Della Bona, Professor Assistente Doutor Carlos Augusto Pavanelli, Professor Assistente Doutor Eduardo Shigueyuki Uemura (em treinamento), Professor Adjunto Estevão Tomomitsu Kimpara, Professor Assistente Doutor Fernando Eidi Takahashi, Professor Adjunto Lafayette Nogueira Junior, Professor Adjunto Luiz Felipe Valandro Soares, Professor Titular Marco Antonio Bottino, Professora Assistente Doutora Mutlu Özcan (em treinamento), Professor Assistente Doutor Nelson Luiz de Macedo, Professor Adjunto Renato Sussumu Nishioka e Professor Assistente Doutor Rubens Nisie Tango; e Endodontia, os Docentes: Professora Adjunto Ana Paula Martins Gomes, Professor Adjunto Carlos Henrique Ribeiro Camargo, Professor Assistente Doutor Cláudio Antonio Talge Carvalho, Professora Adjunto Marcia Carneiro Valera Garakis e Professora Assistente Doutora Simone Helena Gonçalves de Oliveira (em treinamento).

O Programa de Pós-Graduação em Odontologia Restauradora possui 3 grupos de pesquisa, sendo 1 cadastrado no CNPq (Grupo de Apoio à Pesquisa Clínica – Gapec). Os outros 2 grupos surgiram mais recentemente em virtude da consolidação das novas linhas de pesquisa (Grupo de Laser em Odontologia e Grupo de Traumatismo Dentário).

Além disso, o programa de pós-graduação participou como gerador para a criação de 1 programa de pós-graduação, nível mestrado na Universidade Federal de Juiz de Fora, uma vez que 19 docentes daquela instituição tiveram seus títulos obtidos neste programa.

Intenciona-se a criação de um núcleo, centro ou similar para a concentração de estudos e pesquisas em ensino, na área de Saúde-Odontologia. Esse núcleo estará vinculado ao programa e seus participantes terão, como objetivo, refletir sobre o ensino na área de Saúde-Odontologia. Dele poderão participar todos os docentes, os alunos atuais e os egressos do Programa.

O Programa já formou 287 alunos, num total de 186 dissertações e 101 teses, sendo:

Prótese Buco-Maxilo-Facial: Mestrado (48) e Doutorado (9)
Odontologia Restauradora: Mestrado (65) e Doutorado (54)
Prótese Dentária: Mestrado (58) e Doutorado (35)
Endodontia: Mestrado (15) e Doutorado (3)

Destes, 101 são docentes nas mais diversas Universidades e Faculdades de Odontologia do País: Centro Baiano de Estudos Odontológicos – Salvador/BA: 1; Centro Universitário de Volta Redonda – Volta Redonda/RJ: 3; Centro Universitário Lusíadas – Santos/SP: 1; Faculdade de Odontologia do câmpus de Araraquara da Unesp: 1; Faculdade de Odontologia do câmpus de São José dos Campos da Unesp: 26; Faculdade de Odontologia Santa Marcelina – São Paulo/SP: 1; Pontifícia Universidade Católica de Minas Gerais – Belo Horizonte/MG: 1; União Metropolitana de Educação e Cultura Ltda. – Lauro de Freitas – Salvador/BA: 1; Universidade Bandeirante – São Paulo/SP: 3; Universidade Braz Cubas – Mogi das Cruzes/SP: 2; Universidade Cidade de São Paulo – São Paulo/SP: 1; Universidade Cruzeiro do Sul – São Paulo/SP: 1; Universidade de Brasília – Brasília/DF: 1; Universidade de Cuiabá – Cuiabá/MT: 1; Universidade de Guarulhos: 1; Universidade de Mogi das Cruzes/SP: 3; Universidade de Santo Amaro – São Paulo/SP: 3; Universidade de São Francisco – Bragança Paulista/SP: 1; Universidade de São Paulo – São Paulo/SP: 1; Universidade de Taubaté/SP: 4; Universidade de Uberaba/MG: 1; Universidade do Planalto Catarinense – Lages/SC: 1; Universidade do Vale do Itajaí – Itajaí/SC: 1; Universidade do Vale do Paraíba – São José dos Campos/SP: 3; Universidade Federal da Paraíba – João Pessoa/PB: 2; Universidade Federal de Minas Gerais – Belo Horizonte/MG: 2; Universidade Federal de Santa Maria – Santa Maria/RS: 1; Universidade Federal do Piauí – Teresina/PI: 1; Universidade Federal do Rio de Janeiro – Rio de Janeiro/RJ: 1; Universidade Federal do Rio Grande do Sul – Porto Alegre/RS: 1; Universidade Ibirapuera – São Paulo/SP: 5; Universidade Metodista de São Paulo – São Paulo/SP: 3; Universidade Metropolitana de Santos – Santos/SP: 6; Universidade Paulista – São Paulo/SP: 11; Universidade Potiguar – Natal/RGN: 1; Universidade Salgado de Oliveira/Universo – Niterói/RJ: 1; Universidade Santa Cecília de Santos – Santos/SP: 1; e Universidade São Leopoldo Mandic – Faculdade de Odontologia – Campinas/SP: 2.

**Infraestrutura**

Os alunos do Programa de Odontologia Restauradora têm à disposição, para a realização e execução de suas pesquisas, os laboratórios:

- Departamento de Odontologia Restauradora;
- Departamento de Materiais Odontológicos e Prótese;
- Laboratório de Apoio à Pesquisa (LAP).

E – mais recentemente – o Laboratório de Cultura de Células, que permite ao Programa de Pós-Graduação um grande salto no desenvolvimento de pesquisas biocelular e molecular.

Possui convênios de desenvolvimento de pesquisas com as seguintes instituições: – Centro Técnico Aeroespacial de São José dos Campos, que disponibiliza várias máquinas de ensaios e microscópio eletrônico de varredura; – Faculdade de Engenharia de Guaratinguetá/Unesp, que disponibiliza várias máquinas de ensaios e microscópio eletrônico de varredura; – Escola Paulista de Medicina da Universidade Federal de São Paulo; Universidade Santo Amaro–Unisa: Laboratório Unitox e Canil; – IEAv do Instituto de Estudos Avançados de São José dos Campos; Departamento de Materiais do Instituto Nacional de Pesquisas Espaciais (Inpe), que disponibiliza microscópio eletrônico de varredura, análise de dispersão de Raios X e outros equipamentos para avaliação estrutural e química de materiais; Da Universidade Federal de São Carlos/Setor de Laser e Fotônica; – CTI – Centro de Tecnologia da Informação – Campinas-São Paulo; – Unidade do Ministério da Ciência e Tecnologia, que disponibiliza aparelhos e fornece apoio a pesquisas na área de Biomecânica; – Convênio Procad com participação da FO.CSJC/Unesp, FO.USP e Universidade Federal de Santa Maria; – Case Western Reserve University – Cleveland; University of Florida – EUA – Departamento de Biomateriais; – University of Groninger – Holanda; – Klinikum DER Universitat Regensburg/Bavaria/Alemanha; – Oregon Health Sciences University; e – Universida di Bologna/Itália – Departament di Science Odontohistomatologiche, Alma Mater Studiorum – Universita di Bologna; e – Ceppan – Centro de Estudos e Pesquisas em Psicanálise de Anorexia e Bulimia do Instituto de Psiquiatria do Hospital das Clínicas da Faculdade de Medicina da USP.

### Internacionalização

O Programa de Pós-Graduação possui intercâmbio com instituições do exterior para a realização de estágios e para o desenvolvimento de pesquisas. Esse intercâmbio possibilita a ida de alunos bolsistas ou não para a realização de seus trabalhos, e, ainda, a vinda de vários professores para ministrar cursos, seminários, discutir e orientar essas pesquisas em andamento.

Estas experiênciais contribuem com todo o grupo de discentes e docentes, uma vez que todos obtêm conhecimentos de técnicas, metodologias e manuseio de equipamentos que foram e serão passados aos demais componentes da equipe. Ainda, estes intercâmbios aumentam os contatos internacionais e a troca constante de informações sobre desenvolvimento de pesquisas realizadas. Estes resultados são visíveis e comprovados pelas publicações geradas em cooperação com estes centros.

Obrigado a todos os docentes, ex-docentes, funcionários, ex-funcionários, alunos e ex-alunos de graduação e pós-graduação, e à minha e nossa fabulosa escola de Odontologia.

| Prof. Adjunto Clovis Pagani - coordenador

## Pesquisa

A Faculdade de Odontologia de São José dos Campos, no início de suas atividades, tinha como objetivo principal a formação de profissionais para atuar nos consultórios como autônomos.

A formação era feita por professores, cirurgiões-dentistas que mostravam interesse pelo ensino; todavia sem a formação pedagógica, mas com bom desempenho no exercício da profissão. Portanto, estes serviam como uma referência para os alunos em formação.

Esse perfil de docente, aos poucos, teve que ser modificado devido ao progressivo aumento da necessidade de evidências científicas para justificar a técnica. Vale lembrar que esse panorama não foi privilégio da Odontologia, mas sim de toda a academia, tanto que a própria universidade passou a ser avaliada com base na produção cientifica e consequentemente avaliar os seus docentes com este critério.

Apesar de sempre contarmos com docentes com aguçado espírito de investigação em algumas frentes de trabalhos científicos, as pesquisas tornaram-se mais evidentes e fortes no início do curso de pós-graduação.

O primeiro curso foi o Programa de Pós-Graduação em Odontologia – Área de Prótese Buco-Maxilo-Facial autorizado em 1988, e iniciado em 1990, permitindo a formação de muitos profissionais que tiveram – além do treinamento técnico na especialidade – o aprendizado para a busca do conhecimento científico.

Além dos programas de pós-graduação, hoje, a Faculdade de Odontologia de São José dos Campos conta com outras frentes de pesquisa, como o Centro de Biociência Aplicado a Pacientes com Necessidades Especiais (Cebape), entre outros.

Possui em suas instalações modernos laboratórios de pesquisa, fruto do esforço de pesquisadores junto aos órgãos de fomento. Participa do Centro Tecnológico de São José dos Campos e edita uma revista científica.

Vale lembrar a preocupação, no curso de graduação, na formação dos futuros profissionais não só no aspecto técnico, mas num perfil moderno, em que é imprescindível agregar conhecimentos relacionados à pesquisa por meio da iniciação científica. Em 2008, a FOSJC sediou o Congresso de Iniciação Científica da Unesp.

Tem contado com os órgãos de fomento e outras possibilidades de obtenção de recursos, além dos oriundos da própria instituição que é gerenciado, com eficiência, pelo escritório de fomento local e esboça um modelo de apoio à pesquisa com a Fundação Joseense de Ensino e Pesquisa em Odontologia (Fujepo).

No contexto geral a Faculdade de Odontologia de São José dos Campos, ao levantar a sua história, pode se orgulhar do seu desempenho na área da pesquisa, pelo seu progresso contínuo e eficiente contribuindo com o cenário científico, apontando e formando pesquisadores reconhecidos pela comunidade.

| Professor Adjunto Estevão Tomomitsu Kimpara -
Departamento de Materiais Odontológicos e Prótese



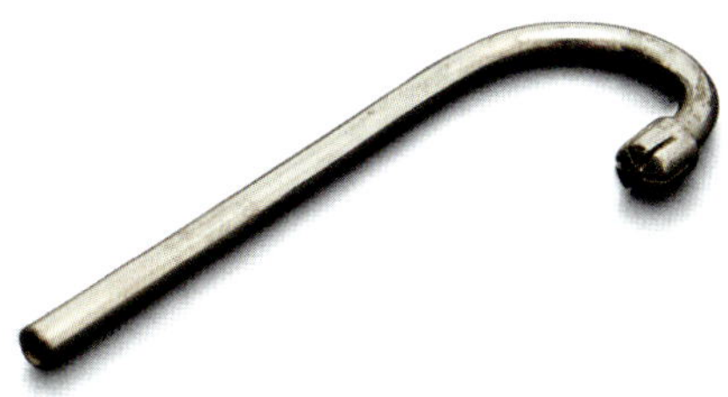

Sugador metálico, usado até a década de 1970

## Extensão universitária

### Coral da Unesp

Com o objetivo de promover – por meio do canto em conjunto – a interação dos diversos segmentos e o aprimoramento artístico-cultural na Universidade, no final da década de 1970, surgia, pelas mãos do maestro Samuel Kerr, o Coral da Unesp, em alguns câmpi da instituição. A partir de 1980 cada câmpus passou a ter um coral, dirigido por alunos do Instituto de Artes/Unesp. Em 1988 foi criado o Projeto Coral da Unesp com regentes profissionais concursados. Hoje cerca de 500 cantores – entre docentes, funcionários, alunos e comunidade externa – compõem os grupos de Araçatuba, Araraquara, Bauru, Botucatu, Franca, Guaratinguetá, Ilha Solteira, Jaboticabal, Presidente Prudente, Rio Claro, São José dos Campos e São José do Rio Preto, dirigidos pelos regentes profissionais, além dos corais da Reitoria, do Instituto de Artes – ambos em São Paulo – e o de São Vicente regidos por bolsistas. O projeto é vinculado à Pró-Reitoria de Extensão Universitária da Unesp (Proex).

Um corpo com várias cabeças. Com a figura mitológica da Hidra a Prof. Marisa Fonterrada, supervisora do projeto entre 1988 e 2005, delineou a imagem do que é o Coral da Unesp. Os grupos que o integram têm vida própria em suas cidades de origem formando um só corpo na organização do Encontro Coral da Unesp, realizado em diversas cidades do Estado. Em 2009 aconteceu o vigésimo segundo encontro.

### Coral da FOSJC – Unesp

O grupo integra o Projeto Coral da Unesp desde setembro de 1998, com atividades regulares na cidade de São José dos Campos e região, apresentando-se na universidade e também em teatros, igrejas, escolas e praças. Professores, alunos, funcionários e comunidade local compõem o grupo que realiza em média 15 apresentações por ano. Dentre elas destacam-se os concertos de encerramento anuais, geralmente temáticos, construídos a partir do repertório estudado, tais como: *O Canto do Pajé* (2009), em homenagem a Villa-Lobos; *Nas Ondas do Rádio* (2006), em comemoração aos 70 anos da Rádio Nacional; e *Veredas da América* (2005) com repertório latino-americano. Também dignas de destaque são as participações nos três encontros de coros realizados pelo Teatro Municipal de São Paulo (2007/09) e as apresentações de coros da Páscoa (2008/09) dedicados ao repertório sacro, pelos corais de São José dos Campos. Desde 1998 o grupo é dirigido pela regente Sandra Mendes Sampaio.

## PreVest, o pré-vestibular da FOSJC

A Faculdade de Odontologia do câmpus de São José dos Campos da Unesp sempre apresentou alguma dificuldade, natural até, para instituir todas as disciplinas necessárias a um curso preparatório para o vestibular, visto que oferece apenas um curso e da área de biológicas na graduação.

Desde o início da última década até 2007, para preencher essa lacuna social, foi imprescindível a colaboração voluntária de alguns professores beneméritos, oriundos de cursinhos famosos da cidade, que conseguiram contemplar todas as disciplinas necessárias a um bom curso. Essa equipe elaborou suas próprias apostilas e as reproduziu em impressora jato de tinta, que, apesar de resolver o primeiro problema, apresentava imagens de qualidade precária, além de significar algum custo aos alunos, da tinta e do papel.

Alguns dos profissionais de nível universitário dessa época devem a esses voluntários um tributo pela oportunidade que receberam de conquistar esse mérito.

Em 2007, a Unesp – por meio da parceria estabelecida em um convênio com o Governo do Estado de São Paulo – criou um programa para incentivar a proliferação de cursos preparatórios pré-vestibular, nos 23 municípios nos quais possui unidades universitárias, com a expectativa de atender 3,5 mil alunos. A Coordenação desses

Da esquerda a direita:

Secretaria do Departamento de Biociências e Diagnóstico Bucal

Disciplina de Anatomia

Laboratório de Fotomicroscopia

Laboratório de Patologia

Disciplina de Histologia e Embriologia

Laboratório de Ciências Fisiológicas

Laboratório de Microbiologia

logia, formava o então Departamento de Diagnóstico e Propedêutica e Radiologia. A Disciplina de Cirurgia tinha como professores os Doutores Gerson Munhoz dos Santos, Antenor Araújo, José Roberto Sá Lima, Franklin Edgard de Moura Campos, Antonino Kimaid, Nicolau Diacov, Job Sarmento da Silva e Edgar Pereira de Souza. A Disciplina de Semiologia era composta pelos Doutores José Bonifácio Fonseca e Luiz Antonio Guimarães Cabral; já a Disciplina de Periodontia com os Doutores Sérgio Goulart Serra, Rogério Lacaz Netto, Wellington Lemos de Araujo e Souza e Nelson Luiz de Macedo. A disciplina de Radiologia contava com os professores: Doutores Roberto Antonio Nicodemo, Francisco José da Costa Rangel, Luiz Cesar de Moraes, Edmundo Medici Filho e Caetano Benito Bazzarella.

O Prof. Roberto Nicodemo conta que a Disciplina de Radiologia funcionava, inicialmente, na década de 60, num prédio da Prefeitura na Rua Euclides Miragaia, onde hoje está instalada a Casa do Idoso; depois mudou-se para local em que atualmente se realizam as reuniões da Congregação e, posteriormente, para o primeiro andar do prédio das Clínicas, permanecendo até hoje. Conta, ainda, que o nosso aparelho de RX Panorâmico foi o primeiro a ser instalado no Vale do Paraíba e o terceiro no Estado de São Paulo.

O Departamento tornou-se um dos maiores da Faculdade; chegou a ter 24 docentes, sendo que eles sempre participaram ativamente da administração da unidade de ensino. Muitos deles foram Diretores ou Vice-Diretores da Faculdade, entre os quais citamos: Dr. Gerson Munhoz dos Santos (Diretor); Dr. José Bonifácio Fonseca (Diretor por

Secretaria do Departamento de Diagnóstico e Cirurgia

Clínica de Cirurgia

dois mandatos); Dr. Roberto Antonio Nicodemo (Vice-Diretor por dois mandatos); Dr. Antenor Araújo (Diretor); Dr. Rogério Lacaz Netto (Diretor) e Dr. Paulo Villela Santos Junior (Vice-Diretor e posteriormente Diretor).

Em 29/04/1998, por meio da Resolução Unesp 28, e com a fusão da Disciplina de Semiologia ao Departamento de Biociências, o mesmo passou a denominar-se Departamento de Biociências e Diagnóstico Bucal. Na mesma ocasião, ocorreu a alteração do nome do Departamento de Diagnóstico e Cirurgia para Departamento de Cirurgia, Periodontia e Radiologia.

Os Docentes do nosso Departamento atuam na Pós-Graduação e a disciplina de Radiologia foi pioneira nesse segmento. Ressalte-se que a iniciativa na elaboração dos documentos necessários para autorização – junto aos órgãos competentes – foi do Prof. Roberto Antonio Nicodemo, com o Prof. José Benedicto de Mello.

A primeira linha de pesquisa foi a "Cronologia de formação dos dentes entre brasileiros", tendo como resultado as três primeiras teses de doutorado, a elaboração da "Tabela da cronologia de mineralização dos dentes permanentes entre brasileiros", de autoria dos Profs. Roberto Antonio Nicodemo, Luiz Cesar de Moraes e Edmundo Medici Filho. Essa tabela é de grande valor para a Odontopediatria, Ortodontia e para a estimativa da idade em Odontologia Legal.

Na gestão da Professora Maria Amélia Máximo de Araújo foi criada a disciplina de geriatria, a qual foi incorporada ao departamento, sob a responsabilidade do Prof. Warley David Kerbauy.

Os funcionários sempre colaboraram muito para o bom andamento do departamento; não podemos deixar de citar a atuação da Margareth Lopes Garcia, que trabalhou muitos anos como secretária; o nosso querido Sr. Jovelino Garcia Novo, que atuou na disciplina de Radiologia durante 29 anos; o Sr. Jacir Almeida Toledo, da disciplina de Periodontia; e também outros que passaram por aqui e que muito contribuíram para o desenvolvimento do nosso Departamento.

Por solicitação do Departamento, e tramitação legal, em 04/03/2005 (Resolução 28), o Departamento passou a denominar-se: Departamento de Diagnóstico e Cirurgia e é composto por quatro disciplinas: Cirurgia e Traumatologia Buco-Maxilo-Facial, Geriatria, Periodontia e Radiologia. Na Cirurgia atuam os Professores Jose Roberto Sá Lima, Paulo Villela Santos Junior, Eduvaldo Silvino de Brito Marques, Marcelo Marotta Araújo e Fernando Vagner Raldi. A disciplina de Geriatria é composta apenas pelo prof. Warley David Kerbauy. Na Periodontia temos os Professores Fernando Renó de Lima, Maria Aparecida Neves Jardini, Nelson Luiz de Macedo e Warley David Kerbauy. A disciplina de Radiologia conta com os professores Julio Cezar de Melo Castilho, Mari Eli Leonelli de Moraes e Luiz Roberto Coutinho Manhães Junior. Temos também a Sra. Sandra Mara de Souza Ruivo, desempenhando a função de Secretária, a Auxiliar Técnica Marcia Cristina Lopes Garcia e a Técnica em Radiologia Maria da Conceição Pereira Pessôa.

Em todas essas disciplinas há aulas teóricas e práticas em clínicas. O objetivo do Departamento é formar profissionais aptos e seguros para resolver os mais diversos problemas da comunidade, com consciência da realidade brasileira.

## Departamento de Materiais Odontológicos e Prótese

O Departamento de Materiais Odontológicos e Prótese faz parte da estrutura da Faculdade de Odontologia da Unesp – câmpus de São José dos Campos e responde pela escolaridade, na graduação em Odontologia, das disciplinas de Materiais Dentários, Prótese Total, Prótese Parcial Removível, Prótese Parcial Fixa, Oclusão e Implante. Na pós-graduação participa do Programa de Pós-Graduação em Odontologia Restauradora, especialidade: Prótese Dentária. Exerce, ainda, atividades de extensão universitária por meio de cursos de atualização, programa de aperfeiçoamento profissional e atividades fora do âmbito da Faculdade.

Consta, por meio de relatos dos docentes pioneiros, que o ensino da prótese dentária, nesta Faculdade, teve como o seu primeiro Catedrático o Professor Camilo de Moraes. Por motivos particulares, o citado docente foi substituído pelo Professor Radamés Gonçalves de Freitas que tinha à época os Professores Ruy Fonseca Brunetti, João Vieira de Moraes, Henrique Cerveira Netto e Marcelo Knise como seus assistentes. Naqueles dias a Faculdade funcionava no prédio situado na Rua Euclides Miragaia, instalações cedidas pela Prefeitura local, e posteriormente foi transferida para o endereço atual.

Com o afastamento do Professor Radamés, a história do ensino da prótese foi reescrita, tendo a liderança dos Professores Ruy Fonseca Brunetti, João Vieira de Moraes e Henrique Cerveira Netto que determinaram a filosofia que até hoje se segue, evidentemente, com modificações pertinentes ao progresso.

Quando da criação dos Departamentos de Ensino, a disciplina de Materiais Dentários foi incorporada, passando a ter a denominação de Departamento de Materiais Odontológicos e Prótese (DMOP).

O DMOP teve uma grande projeção no cenário odontológico, graças ao desempenho e comprometimento demonstrado pelos professores que se tornaram referência e com isso passaram a contar com outros docentes que fortaleceram cada vez mais o ensino da prótese dentária nesta Faculdade.

O reconhecimento do desempenho pode ser verificado pela grande adesão de profissionais que participavam na condição de estagiários e buscavam o aprimoramento da técnica e vivenciavam a filosofia de ensino praticado na instituição. Muitas faculdades recém-criadas tiveram na equipe de ensino de prótese essas pessoas e para que houvesse um intercambio entre eles, que pelos seus afazeres não podiam mais frequentar o DMOP, fundaram o Grupo de Reciclagem em Prótese Dentária – GRPD.

A preocupação pela multidisciplinaridade foi sempre lembrada pelos docentes, sendo nesse sentido criado um serviço em que são atendidos pacientes com patologias causadas pelos distúrbios da oclusão, Centro de Oclusão e Articulação Temporomandibular (Coat), que em 2010 comemora o seu "Jubileu de Prata". Vale lembrar que, devido ao destaque dado ao assunto, é ministrada no curso de graduação a disciplina de Oclusão e ATM, sob a responsabilidade do DMOP.

Secretaria do Departamento de Materiais Odontológicos e Prótese

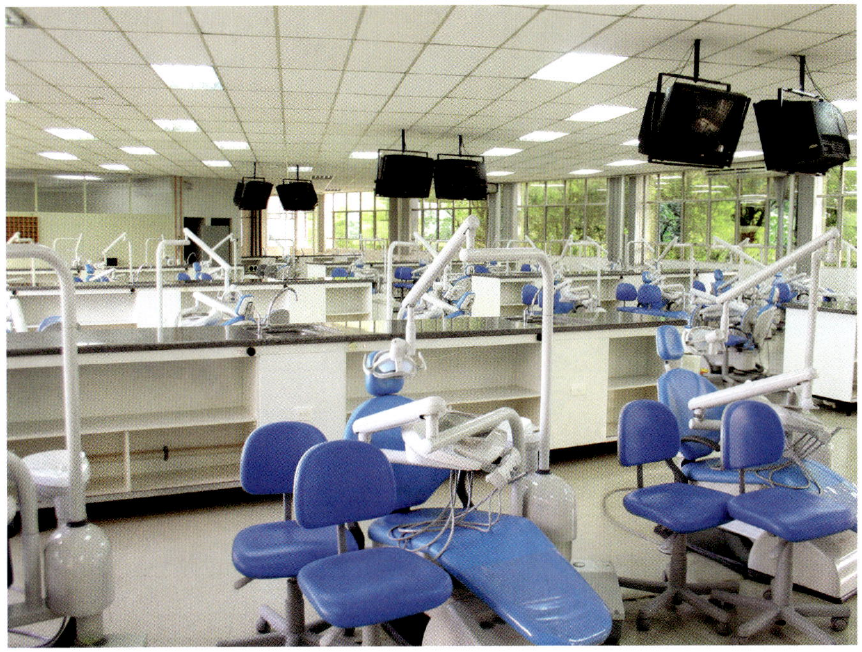

Clínica de Prótese

Laboratório de Materiais Odontológicos e Prótese

Laboratório de Pesquisa

Dentro do conceito de universidade entende-se que a transmissão de conhecimento é uma das tarefas mais importantes, mas hoje cada vez mais a necessidade recai sobre a geração de conhecimentos. A estratégia escolhida para colocar em pratica esse objetivo foi a implantação do curso de pós-graduação. Em 1988 iniciou-se o primeiro curso de pós-graduação em odontologia da unidade, na área de Prótese Buco-Maxilo-Facial, extinto em 1992. Em 1994, foi criado o curso de pós-graduação em Prótese Fixa, que atualmente está incorporado ao Programa de Pós-Graduação em Odontologia Restauradora.

O sucesso alcançado na geração de conhecimento pode ser ilustrado pela recente inauguração do laboratório de pesquisa que contou com recursos dos órgãos de fomento e poder público e inegável apoio da direção.

Pode-se evidenciar o progresso mais recente, na área do ensino de graduação, a inclusão da disciplina de Implante, por entender-se que se trata de ferramenta de grande validade para ser utilizada nas reabilitações dos pacientes.

Dessa forma, o DMOP, contando com a efetiva atuação dos seus servidores, docentes e técnicos administrativos, segue o exemplo dos que antecederam e propiciaram esse momento. O DMOP participa da Faculdade de Odontologia como um departamento de ensino, pesquisa e extensão, ou seja, um segmento de um todo, com o objetivo de preencher, com eficiência, a parte que lhe compete para atingir a missão da Unidade.

| Prof. Adjunto Lafayette Nogueira Junior - chefe

## Departamento de Odontologia Restauradora

A criação do Departamento de Odontologia Restauradora ocorreu em meados de 1974, a partir da Disciplina de Medicina Oral, em que tratamentos de canal e restauração se constituíam no programa do Curso de Graduação.

Em janeiro de 1976, com a criação da Unesp – Universidade Estadual Paulista "Júlio de Mesquita Filho", a Faculdade foi incorporada a ela.

Com a reestruturação do Curso de Odontologia em 1978, criaram-se novos departamentos, dentre eles o de Odontologia Restauradora, agrupando as Disciplinas de Endodontia, Dentística Operatória, Odontologia Restauradora e Escultura Dental.

Para tanto, a Dentística Restauradora, antes não existente com tal nomenclatura, contratou os primeiros docentes específicos para esta finalidade, além de incorporar dois outros procedentes da Medicina Oral, Professores Delcio Pasin e Lauro Cardoso Villela.

A primeira contratação em RDIDP – Regime de Dedicação Integral à Docência e à Pesquisa, ocorreu em 1974, atividade muito pouco conhecida na Faculdade até então; ingressando a Professora Maria Amélia Máximo de Araujo, e no ano de 1975, o Professor José Roberto Rodrigues.

Desta forma atua decisivamente na formação dos alunos de Graduação, e na pós-graduação desde 1993, com a criação do Curso de Pós-Graduação em Odontologia – Área: Odontologia Restauradora, Níveis de Mestrado e Doutorado.

Tem sido ao longo destes anos um Departamento atuante. Contribuiu para a esfera Administrativa da Faculdade, com dois Diretores (Professora Maria Amélia Máximo de Araújo e Professor José Roberto Rodrigues, que também foi Vice-Diretor), e para a Unesp, com uma Pró-Reitora de Extensão Universitária, por duas gestões consecutivas (Professora Maria Amélia Máximo de Araújo). A composição do Departamento de Odontologia Restauradora, ao longo desses 50 anos de existência, foi a seguinte:

**CORPO DOCENTE**

ENDODONTIA
Hed Arruda Camargo (1962 a 1992)
Armando Curti Junior (1968 a 1981)
Jaime Freitas Ribeiro (1970 a 1996)
Alberto Siqueira e Silva (1975)
Íris Maria Fróis (1981 a 1987)
Ana Paula Martins Gomes (1990)
Marcia Carneiro Valera Garakis (1993)
Carlos Henrique Ribeiro Camargo (1996)
Cláudio Antonio Talge Carvalho (2002)

DENTÍSTICA
Newton José Giachetti (1963 a 1993)
Andrea Leotta (1967 a 1986)
Fábio Aurélio de Almeida (1967 a 1977)
José Benedicto de Mello (1967 a 1996)
Délcio Pasin (1971 a 1995)
Lauro Cardoso Villela (1971 a 1998)

João Candido de Carvalho (1972)
Maria Amélia Maximo de Araujo (1974)
José Roberto Rodrigues (1975)
Maria Auxiliadora Junho de Araujo (1977 a 1990)
Regina Célia dos Santos Pinto Silva (1978 a 2003)
Antonio Braulino de Melo Filho (1986 a 1994)
Rosehelene Marotta Araujo (1987 a 2003)
Sergio Eduardo de Paiva Gonçalves (1988)
Maria Filomena Rocha Lima Huhtala (1994)
Clóvis Pagani (1997)
Carlos Rocha Gomes Torres (2002)
César Rogério Pucci (2006)
Alessandra Bühler Borges (2006)

| Professora Doutora Maria Filomena Rocha Lima Huhtala - chefe

## Departamento de Odontologia Social e Clínica Infantil

Em 1962 iniciou-se a Disciplina de Higiene sob responsabilidade da Profª Stela Maria Ouvinhas Rossetini, com conteúdo de Odontologia Preventiva e Sanitária, cujos fundamentos de prevenção tanto serviam aos alunos quanto à comunidade. Nesse mesmo ano, a Disciplina de Estatística foi introduzida, também sob responsabilidade da Profª Stela. A Disciplina de Odontologia Legal iniciou-se em 1963 a cargo do médico Prof. Dr. Orlando Campos, descortinando-se o universo da aplicabilidade dos conhecimentos da Odontologia no auxílio da Justiça. Em 1968 introduziu-se a Disciplina de



Laboratório de Odontologia Restauradora

Secretaria do Departamento de Odontologia Restauradora

Secretarias do Departamento de Odontologia Social e Clínica Infantil

Clínica Infantil

Orientação Profissional, a cargo do Prof. Wilson Galvão Naressi (ex-aluno).

Em março de 1971 fundou-se o Departamento de Integração Social, composto pelos Profs. Orlando Campos (Odontologia Legal e Higiene), Wilson Galvão Naressi (Orientação Profissional e Higiene), Leila Novaes (Pesquisas Bibliográficas), Michal Gartenkraut (Bioestatística), Obemor Pinto Damasceno (Estudo dos Problemas Brasileiros) e Diede Lameiro (Educação Física). Conforme publicação no *Diário Oficial*, aos 9 de fevereiro de 1974 o Departamento recebe nova designação, passando a ser chamado de Odontologia Social e Complementação Curricular. Em 1976, os Institutos de Ensino Isolados do Estado de São Paulo constituíram-se na Universidade Estadual Paulista "Júlio de Mesquita Filho", distribuídos em diversos câmpi. Nessa época iniciaram-se as Atividades Extramurais, completando-se assim o tripé fundamental da Universidade: Docência, Pesquisa e Extensão.

Em 1996, conforme portaria do Senhor Diretor de 22 de dezembro de 1995 e publicada no *Diário Oficial do Estado* de São Paulo em 27 de janeiro de 1996, a Comissão Especial foi transformada em Departamento de Odontologia Social, voltando a ter o seu próprio Conselho Deliberativo. Nesse período novas disciplinas foram adicionadas e algumas tiveram suas designações alteradas, ficando o conjunto de suas disciplinas com a seguinte composição: Odontologia Preventiva e Sanitária I e II, Odontologia Legal, Orientação Profissional, Bioestatística e Metodologia Científica, Clínica Integrada, Ciências Sociais Aplicada à Odontologia – Psicologia, Sociologia e Antropologia.

A Clínica Infantil teve início em 1963, composta pelas cadeiras de Ortodontia e Odontopediatria, ministradas pelos Professores Nelson Junqueira de Andrade e Luiz Penelli. Posteriormente, outros professores vieram compor as Disciplinas de Ortodontia e Odontopediatria, como Alfeu Vitelli Marinho Filho e José Luiz Ramos de Andrade, ambos formados na 1ª Turma da Faculdade de Farmácia e Odontologia de São José dos Campos/SP, Roberto Pereira, Antonio Carlos Bastos e Luiz Fernando de Almeida Candelária, tendo como técnico de laboratório o Sr. Juca e como secretárias, Ilidia e Laurie.

## Unificação dos Departamentos

A partir de 1998, com uma portaria da Reitoria que estipulava um número mínimo de dez docentes para configurar um Departamento, a Odontologia Social uniu-se à Clínica Infantil, formando um Departamento que hoje funciona com as seguintes disciplinas e respectivos docentes:

**Clínica Integrada:** Profs. Antonio Braulino de Mello Filho, Eduardo Galera, Dimas Renó de Lima e os cirurgiões-dentistas João Carlos Bacigalupo e José Antonio Pereira Salgado

**Odontologia em Saúde Coletiva:** Profs. Symone Cristina Teixeira, Eliel Soares Orenha e Daniel Maranha da Rocha

**Odontologia Legal e Bioética, Orientação Profissional:** Profª Suely Carvalho Mutti Naressi

**Bioestatística:** Prof. Ivan Balducci

**Metodologia Científica, Sociologia e Antropologia:** Profª Vera Ignácio Molina

**Psicologia:** Profª Denise Nicodemo

**Ortodontia:** Profs. Adriano Marotta Araujo, João Batista Macedo Becker (ex-aluno), Lucia Teramoto (ex-aluna), Luiz Kiyoaki Okazaki e Weber José da Silva Ursi

**Odontopediatria:** Profs. João Carlos da Rocha (ex-aluno), Marcelo Fava de Moraes, Rebéca Di Nicoló (ex-aluna) e Silvio Issao Myaki

O Departamento conta com os técnicos Elizabete Fernandes S. Santos, Guilherme Ortiz Mello e Paulo Cesar Nogueira.

Como secretárias, atuam Maria Regina Brauna Batista e Neusa Maria Simões.

O Dosci possui ainda um Centro de Estudos em Odontologia para bebês que atende crianças desde a gestação até os 2 anos de idade, Centro de Estudos em Ortodontia, o Neape – Núcleo de Atendimento a Pacientes Especiais e a Unati – Universidade Aberta à Terceira Idade. Desenvolve oito Projetos de Extensão que beneficiam a comunidade, principalmente com trabalhos de prevenção junto a instituições da região.

| Professor Doutor Dimas Renó de Lima - chefe

## Divisão Técnica Acadêmica

O Senhor Oswaldo Pereira de Carvalho era funcionário da Universidade de São Paulo, e obteve afastamento com prejuízo de vencimentos, para exercer a função de Secretário desta Faculdade. Com a publicação no *Diário Oficial do Estado de São Paulo*, em 13/05/1961, tomou posse no dia 02/06/1961.

No dia 1º/02/1978, com a criação da Assistência Técnica Acadêmica pela Reitoria passou a exercer a função de Assistente Técnico de Direção II, e permaneceu nessa função até o dia 21/08/1979, quando aposentou-se.

Com a sua aposentadoria, a Funcionária Terezinha Aparecida de Melo assumiu no dia 28/09/1979 a função de Assistente Técnico de Direção II junto à Assistência Técnica Acadêmica. Ocupou a referida função até o dia 19/05/1988, quando solicitou dispensa, a partir do dia 23/05/1988.

A partir de 20/06/1988, a Funcionária Erena Michie Haseagawa passa a ocupar a referida função. Com a reestruturação da área acadêmica pela Reitoria, a função foi transformada em Diretor Técnico Acadêmico. Ocupou a função de Diretor Técnico Acadêmico, no período de 02/09/1988 a 04/08/1991.

No dia 05/08/1991, a Funcionária Iara Carolina Friggi Kogiso assumiu a Diretoria da Divisão Técnica Acadêmica, permanecendo na função por 16 anos.

Com a posse do Dr. José Roberto Rodrigues assumiu a Divisão Técnica Acadêmica, no dia 22/08/2007, a Funcionária Liliane Marques Franchitto. Deixou a função no dia 04/02/2009, quando solicitou afastamento sem vencimentos, por 2 anos, por questões pessoais.

Desde então, a Diretoria da Divisão está a cargo da Funcionária Sandra Mara Cordeiro.

Missão:

A Divisão Técnica Acadêmica tem como missão fundamental assistir a Direção da Unidade nos diversos assuntos acadêmicos, principalmente aqueles relativos à Graduação e à Pós-Graduação, dirigindo as atividades das seguintes Seções: Graduação; Pós-Graduação; Técnica Acadêmica e Apoio ao Ensino, Pesquisa e Extensão.

Dentre as principais atividades da Divisão Técnica Acadêmica está a de assessorar a Congregação, as Comissões Permanentes de Ensino e de Pesquisa, bem como os Conselhos de Cursos de Graduação e de Pós-Graduação. Além de atender a comunidade interna (docentes e discentes), também mantém o intercâmbio com a comunidade externa para tratar de assuntos acadêmicos diversos.

### Escritório de Assessoria de Fomento para Pesquisas e Bolsas de Estudo

O Escritório de Assessoria de Fomento para Pesquisas e Bolsas de Estudo foi criado, em 1999, na gestão da Professora Titular Maria Amélia Maximo de Araujo, na época Diretora, sob a supervisão do Sr. Carlos Alberto Guedes, com a finalidade de auxiliar docentes e alunos na obtenção de recursos para o desenvolvimento de pesquisas, bolsas de estudo e demais auxílios, junto aos órgãos de fomento (Fapesp, CNPq, FUNDUnesp, Capes, etc.).

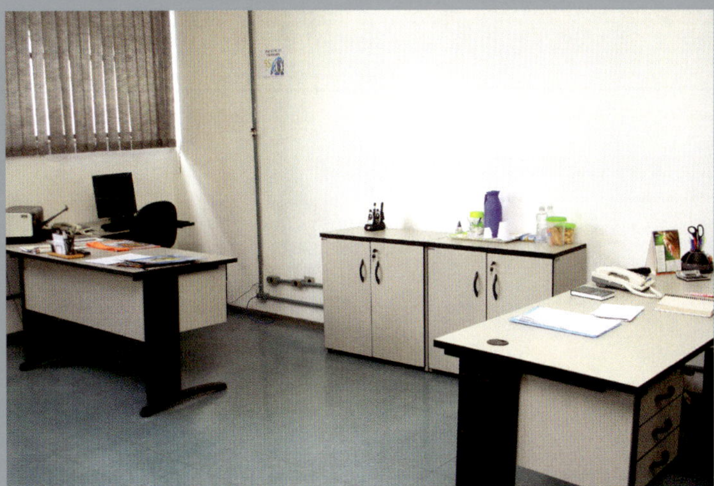

Sala da diretora da DTA

Seção Técnica Acadêmica

Seção de Graduação

Seção de Pós-Graduação

Saepe – Seção de Apoio ao Ensino e à Pesquisa

Escritório de Assessoria de Fomento para Pesquisas e Bolsas de Estudo

No início funcionava em uma sala, transferindo-se depois para o Polocomputacional, no Laboratório de Apoio à Pesquisa (LAP). Três anos depois, finalmente uma sala definitiva. Atualmente funciona em uma sala, com os Comitês de Éticas de Humanos e Animais desta Casa de Ensino, no prédio que abriga a Central de Esterilização, Clínica Integrada e Área de Odontologia Social.

Resumindo suas atividades temos que: no ano de 1999, obtivemos 19 concessões, entre bolsas e auxílios e em 2009 foram 105 no total, correspondendo a 2 milhões de reais. Em termos percentuais foram 552% de acréscimo nas concessões.

## DTAd - Divisão Técnica Administrativa

O Senhor Natalino Mauro foi o primeiro funcionário do câmpus, tornando-se ainda, o 1º Diretor Administrativo. Com a sua aposentadoria em 09/08/1980, o Senhor Ulysses Rodrigues Braga foi nomeado para exercer a função de Diretor Administrativo.

Durante esses 50 anos, a Diretoria da Divisão Técnica Administrativa foi ocupada pelos Funcionários: 1)- Natalino Mauro, 2)- Ulysses Rodrigues Braga, 3)- Maria Mari da Silva, 4)- Ulysses Rodrigues Braga, 5)- Carlos Alberto Guedes e 6)- Oscar Kazuyuki Kogiso.

Desde 05/08/2007, a Diretoria da Divisão está a cargo da Funcionária Angela de Brito Bellini.

Em agosto de 1987, toma posse a sexta Diretoria do câmpus, composta pelos Professores Dr. Antenor Araújo, Diretor, e Dr. Roberto Nicodemo, Vice-Diretor, com o Sr. Ulysses Rodrigues Braga como Diretor Administrativo. Nessa época, definida a política de informática da Unesp, iniciou-se a informatização do câmpus, foi criado o Polocomputacional, e tem início o primeiro curso de pós-graduação na área de Prótese Buco-Maxilo-Facial. Com a intervenção do Sr. Diretor, junto ao Banco do Estado de São Paulo – Banespa, inaugura-se o Posto Bancário da Unidade. Em 1989, assume a Diretoria Administrativa o Sr. Carlos Alberto Guedes.

O lançamento da pedra fundamental foi o marco para o início da construção do Centro de Convivência Infantil.

O ano de 1992 trouxe a sétima Diretoria, composta pelos Professores Dr. Rogério Lacaz Netto, Diretor, e Dr. Jaime de Freitas Ribeiro, Vice-diretor, tendo como Diretor Administrativo o Sr. Carlos Alberto Guedes.

Nessa gestão, inaugura-se o Centro de Convivência Infantil, iniciam-se os novos cursos de pós-graduação (níveis de mestrado e doutorado) e especialização.

Com o início da Autonomia da Gestão Orçamentária proposta pelo Sr. Governador, a Unesp passa a receber parte da arrecadação do ICMS e a gerenciar seus gastos baseados em tal porcentagem, foi um período difícil de adaptação, principalmente pela política de economia do Governo Federal da época. Não havia recursos para investimentos e até para pagarmos fornecedores precisávamos gerenciar nossa Unidade de Ensino com o que tínhamos de fazer milagres na parte administrativa, pois no lado acadêmico o Sr. Diretor empreendeu esforços para aumentar o número de Professores Doutores, incentivando os Auxiliares de Ensino a realizar o doutorado.

Como os recursos orçamentários eram escassos, com a doação de numerário da Associação de Ex-Alunos da

Faculdade de Odontologia – Unesp-SJCAMPOS, construiu-se a parte térrea do prédio onde foram instaladas a Central de Esterilização e a Clínica de Semiologia.

Em 1996, pela primeira vez a comunidade da Faculdade elegeu seu Diretor, por votação direta, sendo escolhido o Prof. Dr. José Eduardo Junho de Araújo, tendo como vice o Professor Dr. Franklin Edgard de Moura Campos. É a oitava Diretoria.

Apesar das dificuldades de orçamento, tem início um período fértil de realizações. A Faculdade passa por uma série de reformas para adequá-la às novas exigências do ensino superior. Inaugura-se a nova e informatizada biblioteca, um serviço de pronto-socorro odontológico, construído o Centro Comunitário do câmpus, reequipadas todas as clínicas, o Biotério, os laboratórios das disciplinas de básicas. O Prédio de Administração sofreu modificação quase geral, dando lugar a uma nova sala de aula, Congregação e um novo auditório.

Construiu-se o segundo pavimento que abriga a Central de Esterilização, onde hoje estão instaladas as salas dos Docentes da Odontologia Social e Clínica Integrada e o Escritório de Assessoria de Fomento à Pesquisa e Bolsa de Estudo e o Comitê de Ética (Humanos e Animal).

Em 1998 é aprovada pela Congregação a criação do Curso Noturno, com 30 vagas, com início em 1999.

Nesse período com a saída do Sr. Carlos Alberto Guedes, assume a Diretoria Administrativa o Sr. Oscar Kazuyuki Kogiso.

| Carlos Alberto Guedes -
Gestão: 01/07/1989 a 10/05/1999

Inicialmente gostaria de agradecer a oportunidade concedida de poder atuar à frente da Administração, iniciado com um convite do Professor José Eduardo Junho de Araújo, no meio da sua gestão, e com a continuidade durante as gestões da Professora Maria Amélia Máximo de Araújo e do Professor Paulo Vilela Santos Júnior, períodos estes que com certeza foram de grande aprendizado, tanto pessoal quanto profissional, pelos quais tenho uma grande consideração e carinho.

Não poderia também de deixar de agradecer a todos que fizeram parte da equipe da Administração durante esse período, sem citar nomes, pois poderia com certeza causar injustiças, sendo que todos foram importantes, cada um na sua função, e também os professores e alunos, pois o conjunto faz a instituição a ir para a frente, na busca da excelência.

Como pessoa, tenho a dizer que o "trabalho enobrece e a quem Deus ama, ele faz sofrer".

Nem sempre o trabalho nos enobrece, nem sempre a dor nos deixa mais justos, mais generosos, na verdade o que enobrece é a responsabilidade que os deveres, incluindo o trabalho, trazem consigo, eventualmente nasce o sofrimento suportado com dignidade.

| Oscar Kazuyuki Kogiso -
Gestão: 11/05/1999 a 04/08/2007

Esta gestão teve início em agosto de 2007, e hoje após 32 meses respondendo pela Diretoria Técnica Administrativa, comparo essa função como a de um prefeito que, tendo sob sua responsabilidade o funcionamento de um município, conta com um *staff* de secretarias e departamentos para que fiquem garantidas as condições de vida no local. A DTAd, por sua vez, tem sob sua responsabilidade o funcionamento do câmpus, e conta com uma estrutura organizacional de seções que garantem as condições de trabalho a todos os segmentos e permitem a infraestrutura necessária ao ensino, pesquisa e extensão.

A história nunca se fez por uma única pessoa, assim, agradeço a confiança em mim depositada, à equipe DTAd que dá todo suporte para o desenvolvimento das ações planejadas, independentemente de qualquer situação adversa, aos Diretores, a todos os servidores dessa casa que sempre me trataram com respeito, atenção e paciência e não poderia de deixar de agradecer à Unesp que me proporcionou a formação acadêmica e o trabalho digno e honrado, ao longo desses anos.

| Angela de Brito Bellini - a partir de 05/08/2007

A equipe que faz a diferença na administração...

Sala da diretora da DTAd

## Seção Técnica de Contabilidade

Missão: orientar e apoiar as áreas administrativas quanto às exigências legais para que as atividades ocorram dentro das normas vigentes.

## Seção de Finanças

Missão: gerenciar o orçamento da Faculdade de forma que atenda ao público a que se destina obedecendo à legislação.

Seção Técnica de Contabilidade e Seção de Finanças

**Seção de Comunicações**

Missão: controlar e orientar a tramitação do fluxo dos documentos dos processos administrativos e de ensino, visando garantir a legalidade, a rastreabilidade e a entrega das informações em tempo hábil.

**Centro de Convivência Infantil**

Missão: atender às necessidades educacionais e de cuidados das crianças de 3 meses a 5 anos, dependentes dos servidores e alunos, para que possam desenvolver suas atividades com excelência durante o exercício de suas funções na FOSJC.

Primeiro envelope oficial da Faculdade de Farmácia e Odontologia de São José dos Campos

### Seção Técnica de Materiais e Compras

Missão: atender à demanda de requisições e controlar a movimentação de materiais de consumo, permanentes e serviços dentro da legalidade e recursos disponíveis.

### Seção Técnica de Desenvolvimento e Administração de Recursos Humanos

Missão: atender com excelência aos clientes e fortalecer o vínculo dos funcionários com a FOSJC garantindo os direitos e estimulando o cumprimento dos deveres para promover seu autodesenvolvimento.

Seção Técnica de Materiais e Compras

Seção Técnica de Desenvolvimento e Administração de Recursos Humanos

Almoxarifado (esquerda)

## Seção Técnica de Triagem, Emergência e Documentação

Missão: captar e administrar clientes externos para o desenvolvimento do ensino e pesquisa, zelando pela documentação dos atendimentos e visando à satisfação das demandas. Atender às necessidades da comunidade em atendimentos emergenciais. Garantir a biossegurança dos instrumentais usados pelos docentes e discentes.

## Seção Técnica de Saúde

Missão: promover a segurança e a saúde do servidor por meio de ações preventivas e curativas, beneficiando as comunidades interna e externa.

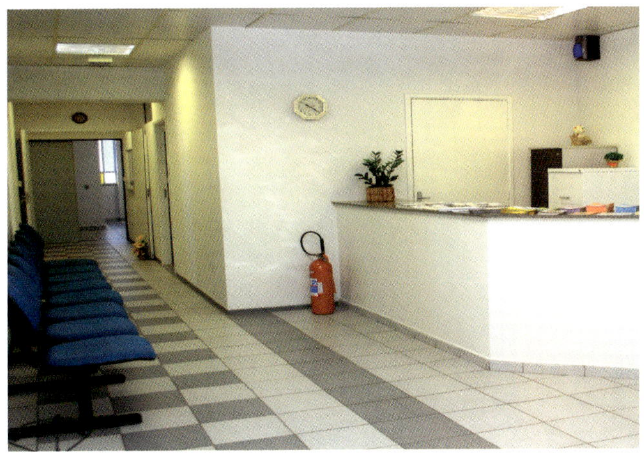

Seção Técnica de Triagem, Emergência e Documentação

Sala da Supervisora da Seção Técnica de Saúde

Recepção da Seção Técnica de Saúde (direita)

A Seção Técnica de Saúde foi criada recentemente. Antes era conhecida como Unamos. Elas foram mencionadas oficialmente pela primeira vez na Portaria Unesp nº 154/1993, que criou o Sistema Próprio de Saúde da Unesp (SPSUnesp) e as incluiu como parte do equipamento de saúde com que contaria o sistema. Essa portaria apenas citava a implantação das Unamos, não definia claramente suas atribuições no conjunto de ações esperadas para o estabelecimento do SPSUnesp, assim como também não o fazia com as outras áreas prestadoras de serviços à saúde da Universidade.

Em São José dos Campos, a Unamos não se concretizou de fato, sendo contratados apenas um pediatra Dr Affonso Henrique Netto Sobrinho e a auxiliar de enfermagem Maria Salete Faria que ficaram atuando no CCI desta Unidade.

Em 2001 foi criado o PGSST – Programa Geral de Saúde e Segurança do Trabalhador – com o objetivo de promover a saúde e prevenir doenças dos trabalhadores da Unesp e implantação do Programa de Perícias Médicas. Em novembro de 2004 – com a necessidade da implantação do PGSST neste câmpus, foi indicada para a coordenação da Unamos a Assistente Social Elizete Wenzell Moreira. Assim, iniciaram-se as atividades nas áreas de Saúde e Segurança do Trabalhador: Perícias Médicas no âmbito da Unesp, atendimento assistencial e Prevenção em Saúde. Também trabalhamos em parceria com a Proex no Movimento Saúde, com o Ceama no Programa Prevenir e em Campanha de Vacinação, Controle de Hipertensão, etc., desenvolvidas pela própria Unidade.

Uma peculiaridade da nossa Seção Técnica de Saúde é o atendimento na ocorrência de acidentes perfurocortantes ou contusos de alunos e funcionários, que tem um protocolo a ser seguido no Hospital Municipal de São José dos Campos.

Em junho desse ano, a Portaria Unesp 297, de 03-06-2009, transformou a Unamos em Seção Técnica de Saúde, e a mesma passou a contar em seu quadro de pessoal: 2 médicos, 1 assistente social e 1 enfermeira. A Seção está funcionando na antiga clínica I do prédio da Central de Salas de Aula.

| Elizete Wenzel Moreira - supervisor de seção

## CIPA – Comissão Interna de Prevenção de Acidentes

A Comissão Interna de Prevenção de Acidentes (Cipa) da Faculdade de Odontologia de São José dos Campos teve sua primeira reunião ordinária em 1º de dezembro de 2004, sendo presidida pelo senhor Cláudio Antonio Talge Carvalho, com os seguintes membros pioneiros: Maria Regina Brauna Batista, Helena Watanabe, Marcos Vestali, Paulo Rogério Martins, Cristiane Yumi Koga-Ito e Gustavo Mendes da Cunha.

A criação da Cipa atende à NR-5, obrigando as empresas privadas e públicas e os órgãos governamentais, que possuam empregados regidos pela Consolidação das Leis do Trabalho – CLT, a organizar e manter em funcionamento, por estabelecimento, uma Cipa.

Este organismo tem como objetivo observar e relatar condições de risco nos ambientes de trabalho e solicitar medidas para reduzir e até eliminar os riscos e/ou neutralizá-los, discutir os acidentes ocorridos, encaminhando aos Serviços Especializados em Engenharia de Segurança e Medicina do Trabalho e ao Empregador – o resultado da discussão, solicitando medidas que previnam acidentes semelhantes e, ainda, orientar os demais trabalhadores quanto à prevenção de acidentes. A atual comissão é formada por: Marco Antonio Correa Alfredo, João Batista Macedo Becker, Renata Aparecida de Oliveira Couto, Lucia Teramoto, Clodoaldo Virgínio de Almeida, Sérgio Giovanni Alves, Newton Guimarães Júnior e Ana Maria Monteiro de Barros.

Dentro da FOSJC a Cipa vem atuando de forma assertiva na prevenção de possíveis causadores de acidentes e ministrando palestras com profissionais da área da saúde e afins, no intuito de coibir os acidentes com os usuários do câmpus.

Realizamos com sucesso no mês de março de 2009 a II Sipat – Semana Interna de Prevenção de Acidentes de Trabalho, na qual tivemos a participação de palestrantes importantes da área de saúde e segurança do trabalho e também uma especialista para discorrer sobre assédio moral, assunto que enriqueceu os debates.

Como presidente da atual gestão da comissão, sinto que estamos atendendo às necessidades da unidade e procurando sempre a excelência para o bem-estar da comunidade unespiana. Um dos objetivos é dar continuidade ao excelente trabalho que a gestão passada, presidida pelo nosso querido professor Amorim, iniciou. Ele sempre encarou a Cipa como peça fundamental para o zelo da segurança da FOSJC. Desafios maiores certamente virão e – contando com essa equipe prestativa – tenho a certeza de que todas as dificuldades serão vencidas. No ano do Jubileu queremos estar mais atuantes que nunca, desejando que a efeméride venha a ser comemorada por todos com muita alegria.

| Marco Antonio Correa Alfredo - Presidente
| Renata Aparecida de Oliveira Couto - Vice-Presidente

## Comissão de Biossegurança

A Comissão de Biossegurança é um órgão deliberativo subordinado à diretoria da Faculdade de Odontologia de São José dos Campos, cujas finalidades são: planejar, elaborar, aplicar e supervisionar o Programa de Biossegurança que consiste em um conjunto de ações que visam ao controle de infecção cruzada.

Membros da Comissão:
Professora Assistente Doutora Juliana Campos Junqueira – Presidente
Professor Adjunto Julio Cezar de Melo Castilho
Professor Assistente Doutor Carlos Augusto Pavanelli
Professor Assistente Doutor Cláudio Antonio Talge Carvalho
Professora Adjunta Janete Dias Almeida
Professora Assistente Doutora Suely Carvalho Mutti Naressi
Professor Assistente Doutor Warley David Kerbauy
Servidores Técnicos e Administrativos:
Ângela de Brito Bellini
Francilene Maria Veneziani Kamezawa

Helena Watanabe
Márcia Cristina Lopes Garcia
Sérgio Giovanny Alves

Acadêmicos:
Junia Oliveira Barbosa (4º Ano/Noturno – Representante do Curso de Graduação em Odontologia)
Karina Bortolin Lodi (Representante do Programa de Pós-Graduação em Biopatologia Bucal)
João Mauricio Ferraz da Silva (Representante do Programa de Pós-Graduação em Odontologia Restauradora)

**Diretoria de Serviços e Atividades Auxiliares**
MISSÃO: atender à comunidade com excelência dando boas condições de limpeza, segurança, comunicação e zelando pelo funcionamento estrutural do câmpus.

Sala do Diretor da DSAA

Seção de Atividades Auxiliares

Manutenção

## Diretoria Técnica de Biblioteca e Documentação – DTBD

MISSÃO: proporcionar a interação do usuário com a informação, independentemente de sua localização ou do suporte em que se apresente.

A biblioteca da Faculdade de Odontologia de São José dos Campos foi inaugurada em 1960, com o início das aulas da primeira turma do curso. Ela funcionava em uma pequena sala no "casarão" emprestado pela prefeitura para o funcionamento da Faculdade situado na Rua Euclides Miragaia.

Após 1964 a biblioteca passou a funcionar no atual prédio da administração, porém não no local onde hoje está instalada. Em 1972, houve a ampliação de suas instalações, passando a ocupar uma área de $490m^2$ no local que atendia as clínicas de prótese e odontopediatria.

A partir de 1996 a biblioteca passou a contar com o auxílio da Fapesp para a melhoria da sua infraestrutura, e assim foi ampliado o espaço físico para $592m^2$, contando com um novo *layout* e adequações para o uso das novas tecnologias, equiparando-se aos padrões dos centros de documentação de Primeiro Mundo.

Em 1997, após reforma e ampliação, recebeu o nome de "Profa. Leila Novaes" em homenagem à bibliotecária responsável pela organização original do acervo e pela implantação e desenvolvimento de seus serviços por 35 anos.

Atualmente dispõe de um acervo *in loco* e eletrônico que permite o acesso ao que há de mais relevante em publicações científicas no mundo.

É uma das 32 bibliotecas que compõem a Rede de Bibliotecas da Unesp. Participa de consórcios e convênios com instituições nacionais e internacionais, ampliando significativamente o acervo disponível aos usuários. A constante evolução e a implantação de novas Tecnologias de Informação e Comunicação garantem a agilidade e o apoio eficaz ao ensino, pesquisa e extensão.

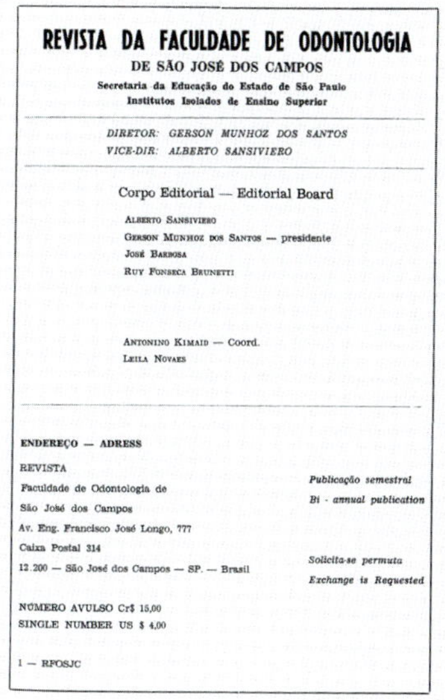
REVISTA DA FACULDADE DE ODONTOLOGIA
DE SÃO JOSÉ DOS CAMPOS
Secretaria da Educação do Estado de São Paulo
Institutos Isolados de Ensino Superior

DIRETOR: GERSON MUNHOZ DOS SANTOS
VICE-DIR: ALBERTO SANSIVIERO

Corpo Editorial — Editorial Board

ALBERTO SANSIVIERO
GERSON MUNHOZ DOS SANTOS — presidente
JOSÉ BARBOSA
RUY FONSECA BRUNETTI

ANTONINO KIMAID — Coord.
LEILA NOVAES

ENDEREÇO — ADRESS
REVISTA
Faculdade de Odontologia de
São José dos Campos
Av. Eng. Francisco José Longo, 777
Caixa Postal 314
12.200 — São José dos Campos — SP. — Brasil

Publicação semestral
Bi - annual publication

Solicita-se permuta
Exchange is Requested

NÚMERO AVULSO Cr$ 15,00
SINGLE NUMBER US $ 4,00

1 — RFOSJC

Capa e folha de rosto da primeira edição da *Revista da Faculdade de Odontologia de São José dos Campos*, 1972

A Profa. Leila Novaes organizou o acervo, a implantação e o desenvolvimento dos serviços da biblioteca. Inicialmente foi contratada pelo Departamento de Odontologia Social como docente da disciplina "Pesquisa Bibliográfica e Técnica de Documentação". Atuou como docente entre os anos de 1965 e 1989 e em 2 de maio de 1974 foi contratada como Bibliotecária e permaneceu na Faculdade até 8 de novembro de 1995.

A Bibliotecária Angela de Brito Bellini foi responsável pela implantação das novas tecnologias que ampliaram e agilizaram os serviços da Biblioteca. Transferida do câmpus de Bauru, iniciou suas atividades na Biblioteca no início de 1996. Em setembro assumiu a Diretoria da Biblioteca e permaneceu no cargo até 2006. Em agosto de 2008 foi convidada pelo Diretor, Prof. Dr. José Roberto Rodrigues, a assumir a Diretoria Administrativa da Unidade.

A Bibliotecária Silvana Alvarez iniciou suas atividades no ano de 1999. Assumiu a Diretoria em 2008 e trabalha atualmente com uma equipe de 8 colaboradores, divididos em duas seções:

**Seção Técnica de Referência, Atendimento ao Usuário e Documentação**

Renata Aparecida Couto – Supervisora Técnica
Deise Cristina A. G. Coelho
Fernando Żalnierukynas
Maria das Dores Nogueira
Vanusa Paiva da Silva

**Seção Técnica de Aquisição e Tratamento da Informação**

Ana Paula Mattozo Durante – Supervisora Técnica
Sônia Maria Reis
Glacy Silvério dos Santos

| Silvana Alvarez - diretora

## Diretoria Técnica de Informática – DTI

A área de informática em nosso câmpus iniciou-se na gestão do Prof. Sylvio Simões. Naquela época não havia nenhuma referência de informática em nossa unidade. Assim, o Diretor – por ordem do Reitor – nomeou a Profa. Maria Stella Ouvinhas Rossetini para ser o primeiro responsável pela área de informática do nosso câmpus, a qual ficou na função por aproximadamente um ano. Em seguida o Prof. José Roberto Sá Lima foi designado para substituí-la. A área continuava sem nenhuma diretriz por parte da Reitoria, porém, o Prof. Sá Lima, imbuído de suas visões futurísticas da informática e sempre consciente de sua importância, começou a divulgar e fazer uso das vantagens oferecidas pela nova tecnologia. A estranheza entre a comunidade do câmpus era tamanha que o consideravam "um doido", e que algumas pessoas chegavam até a desviar de seu caminho. "Eu andava com um computador Victor, debaixo do braço, um modelo da linha TK3000, precursor dos nossos atuais PC's, as pessoas me olhavam meio torto", relata o Prof. Sá Lima.

"Lembro-me que ingressei na faculdade no dia 12.07.1988, e que fiquei aguardando no saguão da administração até que o Prof. Sá Lima veio me recepcionar, me encaminhou para o antigo setor de audiovisual, onde fui apresentado para o Ricardo, e disse que ali seria minha nova sala de trabalho. Como eu já havia trabalhado por quatro anos e meio em centros de informática do exército e de uma concessionária da Mercedes-Benz, lugares onde a informática estava consolidada e contava com vários equipamentos, confesso que estranhei muito ao encontrar uma sala enorme, com um computador bem ultrapassado e sem absolutamente nada para fazer! Foi quando realmente comecei a entender que eu estaria fazendo parte de um momento importantíssimo da história da Unesp. Inicialmente pensei que ficaria por pouco tempo, entretanto, já se passaram 21 anos e hoje sou muito grato a esta casa, pois me proporcionou crescimento profissional e humano", relata Luciano Müller, Diretor Técnico de Informática.

Com a informatização de vários processos administrativos e acadêmicos e o advento da internet, hoje contamos com mais de 300 computadores, 2 laboratórios de informática e 8 servidores em nossa unidade. As informações, que eram armazenadas em kbytes, passaram a ser em Terabytes. Para tanto, foi necessário implantar uma nova infraestrutura de rede lógica para transmissão de dados e acesso à internet. Instalaram-se aproximadamente 588 pontos de rede, a uma velocidade de Gigabit. Com isso tudo, aliado à colaboração dos diversos profissionais da área, e, considerando vários progressos, entre eles, o advento da internet, hoje, além de atividades de atendimento aos usuários, gerenciamos a rede e servidores.

Passados mais de 21 anos, diversos profissionais competentes trabalharam no STI, pessoas que em muito contribuíram para o desenvolvimento tecnológico do nosso câmpus. Aquela sala em que tudo começou já não comportaria mais a importância com que se destaca atualmente o STI.

| Luciano Müller Lima - diretor

Sala do Diretor do DTI

Sala de Informática (térreo)

Sala de Informática (1º andar)

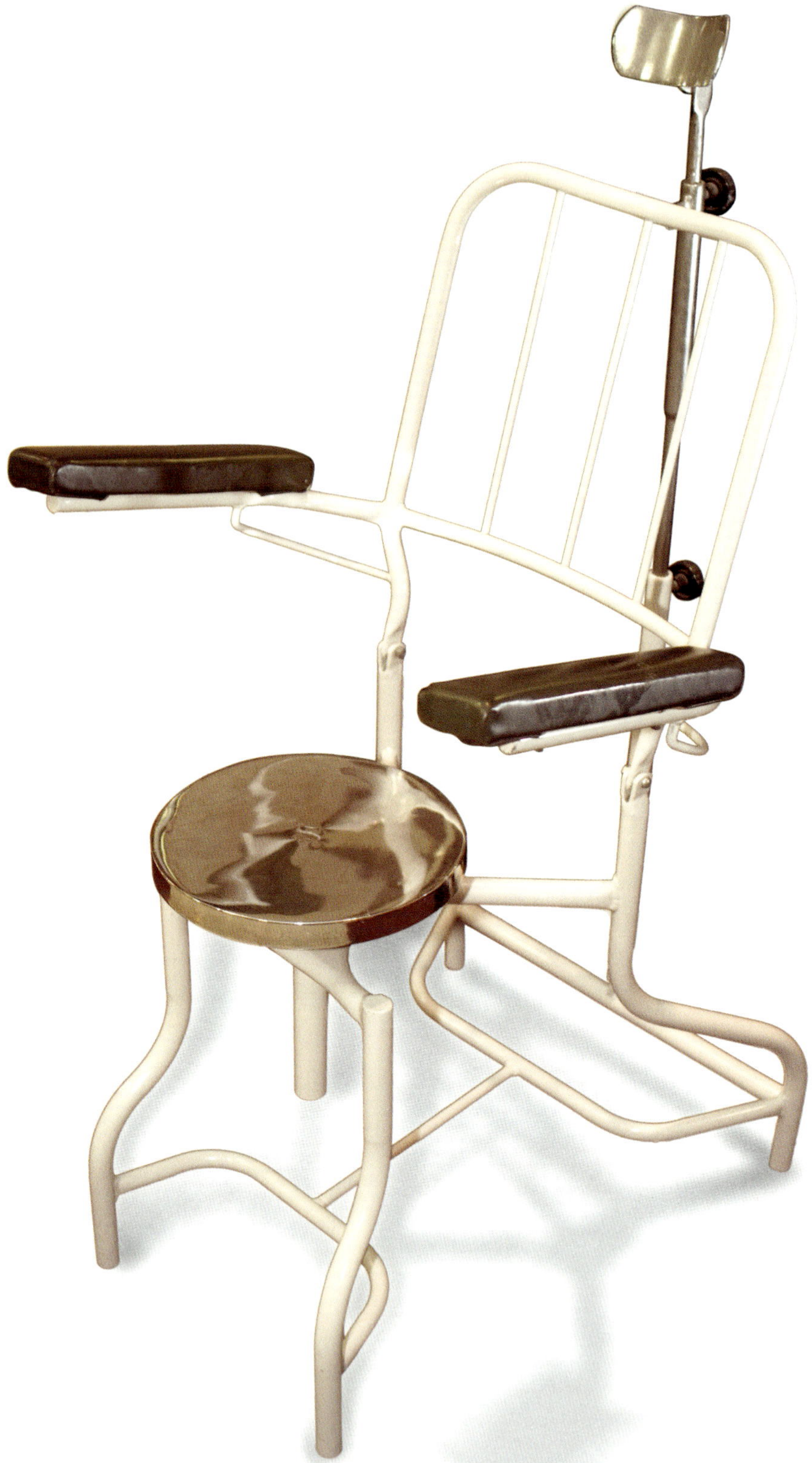

Cadeira de raio-X, anos 1950

# CONGREGAÇÃO

O nome do principal órgão colegiado da Faculdade procede do termo latino *Congregatione*, que remonta às primeiras confrarias de mestres das universidades europeias medievais. Daqueles tempos para os de hoje, e daquelas terras para as brasileiras, a Congregação Universitária modificou-se substancialmente, sem perder, contudo, os fios que a ligam à tradição. Deixou de ser a assembleia dos professores catedráticos fundamentada em uma hierarquia rígida, tornando-se um colegiado representativo da comunidade universitária. Como expressão da nova dinâmica acadêmica, reúne docentes, discentes e funcionários, distribuídos em proporção que garante a combinação de dois valores primordiais da Instituição Universitária: a representação colegiada e o mérito acadêmico.

A Congregação é a parte essencial do processo decisório da Universidade, uma vez que estabelece o elo entre os Conselhos Departamentais, o Conselho de Curso e os Colegiados Superiores da Universidade: o Conselho Universitário e o Conselho de Ensino, Pesquisa e Extensão Universitária, organizados na Reitoria. Numa Universidade multicampi como a nossa, distribuída em 23 cidades do Estado de São Paulo, as Congregações de cada Faculdade exercem papel de enorme relevância. Do passado ao presente, constituem-se centro do debate sobre as políticas acadêmicas e os desafios da Universidade Brasileira.

Nota: A primeira sessão da Congregação ocorreu no dia 08/08/1968

Filho de Renato Jardim e Maria Luiza Bastos Jardim, nasceu no dia 25 de novembro de 1896, na Cidade de Batatais, em São Paulo/SP. Graduou-se em Odontologia pela Faculdade de Farmácia e de Odontologia de São Paulo, em 1916. Logo depois de formado, regressou ao interior (cidade de Ribeirão Preto/SP), onde residiam seus pais. Ai instalou a sua incipiente clínica, entrecortada em dias da semana ao atendimento, em lombo de "pangaré", para uma clínica de contrato na zona rural. Com altos e baixos, exerceu, quase ininterruptamente, sua profissão de Cirurgião-Dentista. Fez um ano, na caserna, o serviço militar e tirou sua caderneta de reservista (Reservista do Exército). Fez uma incursão ao Rio de Janeiro em 1921, onde alugou um consultório na Praça Tiradentes, n° 39, por algumas horas de serviço depois das 16 horas, três vezes por semana e às noites ia disputar uma vaga de conferente de revisor num dos grandes periódicos da época. Em São Paulo procurou reatar suas atividades profissionais onde um destino lhe estava reservado. Corria o ano de 1932, quando foi surpreendido por um convite que um velho amigo lhe transmitia em nome do Professor Benedito Montenegro, então nomeado, pelo Governador do Estado, diretor depositário do acervo da antiga Escola de Farmácia e de Odontologia que acabava de ser sequestrada por sentença judicial. Depois de relutar, acabou aceitando o convite e ingressou no magistério superior, sendo nomeado professor da 1ª Cadeira de Clínica Odontológica, exercendo a Cátedra nessa fase de reorganização da Escola até abril de 1934, data em que a Faculdade foi integrada à nascente Universidade de São Paulo e, nessa ocasião, como a maioria do corpo docente, nomeado ou confirmado, permaneceu na Cátedra por 35 anos, vindo a se aposentar nos idos de 1966. Foi designado, Diretor da Faculdade de Farmácia e Odontologia de São José dos Campos, por meio de Decreto do Governador do Estado, publicado no *Diário Oficial do Estado de São Paulo*, de 19/09/1958. Assumiu a direção, e seu mandato perdurou até 04/08/1971.

| Professor Adjunto Clovis Pagani
| Iara Carolina Friggi Kogiso

Prof. Dr. Gerson Munhoz dos Santos
Diretor: 05/08/1971 a 04/08/1975

Prof. Dr. Alberto Sansiviero
Vice-Diretor: 05/08/1971 a 04/08/1975)

Prof. Dr. José Bonifácio Fonseca
Diretor: 05/08/1975 a 04/08/1979
Diretor: 05/08/1979 a 04/08/1983

Prof. Dr. Hed Arruda Camargo
Vice-Diretor: 05/08/1975 a 04/08/1979
Vice-Diretor: 05/08/1979 a 30/11/1980

Prof. Dr. Sylvio Simões
Vice-Diretor: 22/12/1980 a 04/08/1983
Diretor: 05/08/1983 a 04/08/1987

Prof. Dr. Antenor Araujo
Diretor: 05/08/1987 a 04/08/1991

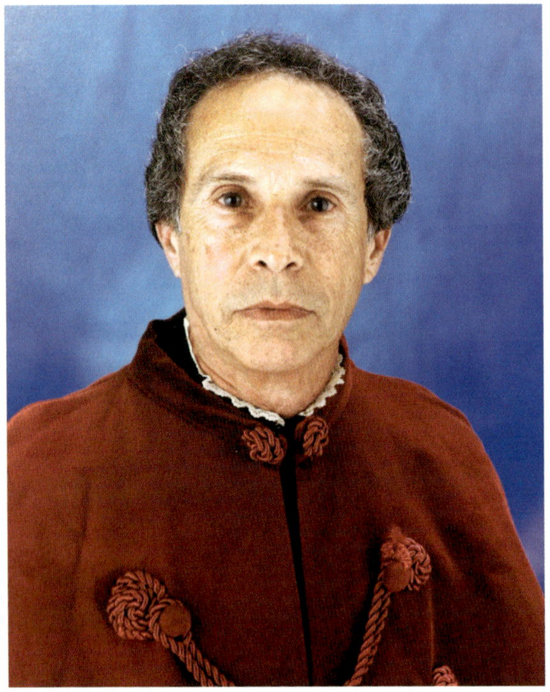

Prof. Dr. Roberto Antonio Nicodemo
Vice-Diretor: 05/08/1983 a 04/08/1987
Vice-Diretor: 05/08/1987 a 04/08/1991

Prof. Dr. Rogerio Lacaz Netto
Diretor: 05/08/1991 a 04/08/1995

Prof. Dr. Jaime Freitas Ribeiro
Vice-Diretor: 05/08/1991 a 04/08/1995

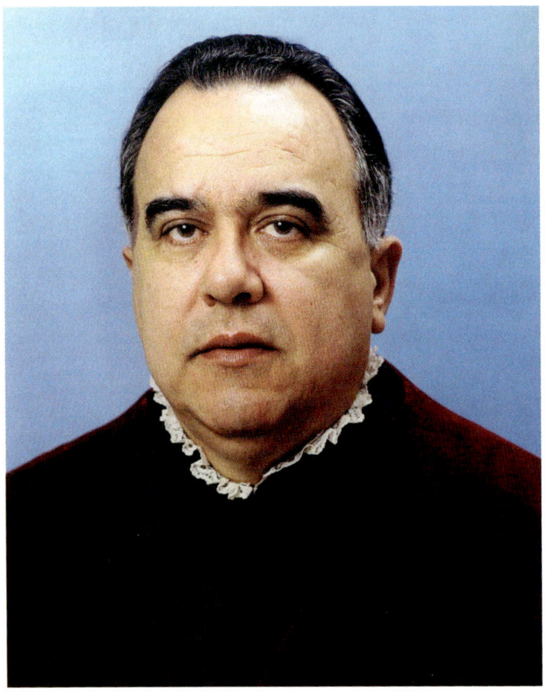

Prof. Dr. José Eduardo Junho de Araujo
Diretor: 05/08/1995 a 04/08/1999

Prof. Dr. Franklin Edgard de Moura Campos
Vice-Diretor: 05/08/1995 a 04/08/1999

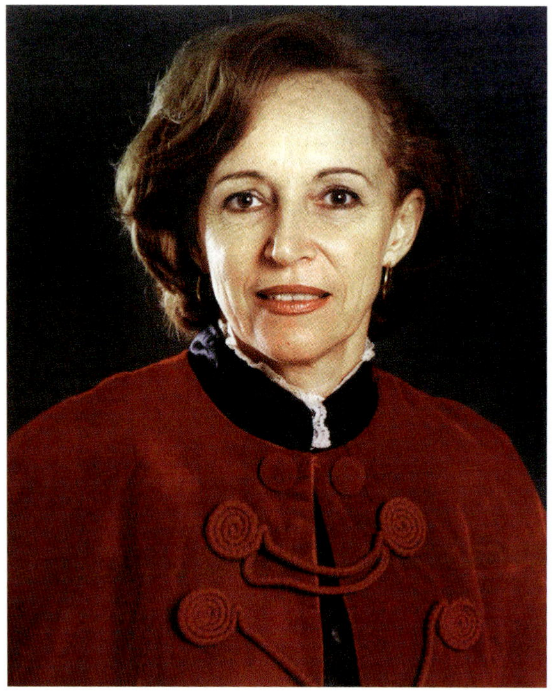

Profa. Dra. Maria Amélia Maximo de Araujo
Diretora: 05/08/1999 a 04/08/2003

Prof. Dr. Paulo Villela Santos Junior
Vice-Diretor: 05/08/1999 a 04/08/2003
Diretor: 05/08/2003 a 04/08/2007

Prof. Dr. José Roberto Rodrigues
Vice-Diretor: 05/08/2003 a 04/08/2007

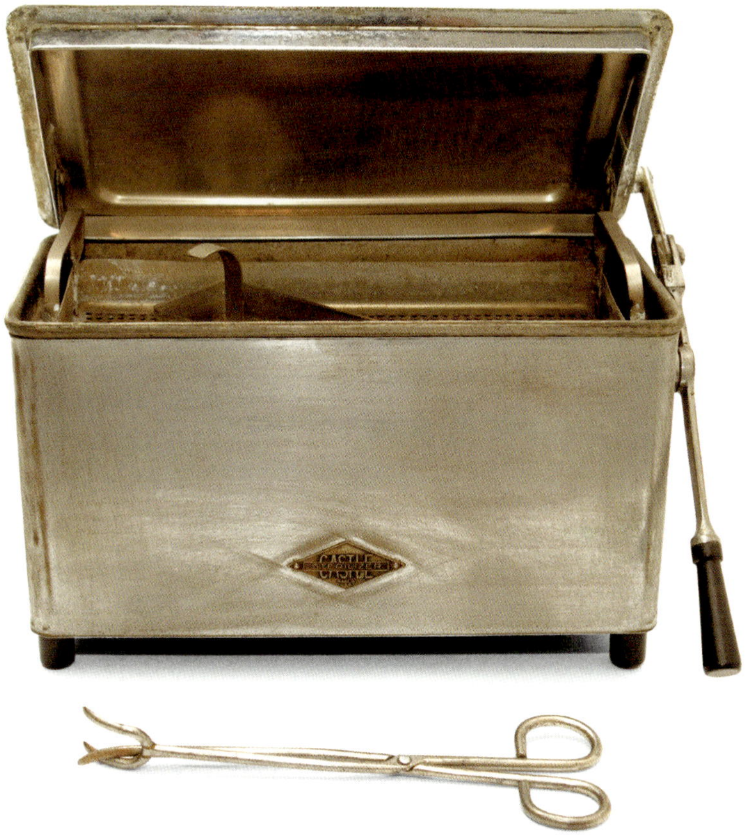

Esterilizador com água.

# CORPO DOCENTE
# CORPO TÉCNICO E ADMINISTRATIVO

Corpo docente da Faculdade

Corpo Técnico e Administrativo da Faculdade

## Corpo Docente

### Em atividade:

Adriana Aigotti Haberbeck Brandão
Adriano Marotta Araújo
Alberto Noriyuki Kojima
Alberto Siqueira e Silva
Alessandra Bühler Borges
Alexandre Luiz Souto Borges
Ana Lia Anbinder
Ana Paula Martins Gomes
Ana Sueli Rodrigues Cavalcante
Antonio Braulino de Melo Filho
Antonio Olavo Cardoso Jorge
Carlos Augusto Pavanelli
Carlos Henrique Ribeiro Camargo
Carlos Rocha Gomes Torres
César Rogério Pucci
Claudio Antonio Talge Carvalho
Clovis Pagani
Cristiane Yumi Koga-Ito
Denise Nicodemo
Dimas Renó de Lima
Eduardo Galera da Silva
Eduardo Shigueyuki Uemura
Eduvaldo Silvino de Brito Marques
Eliel Soares Orenha
Estevão Tomomitsu Kimpara
Fernando Eidi Takahashi
Fernando Vagner Raldi
Francisco Gorgonio da Nobrega
Guilherme de Siqueira F. Anzaloni Saavedra
Horácio Faig Leite
Ivan Balducci
Janete Dias Almeida
João Batista Macedo Becker
João Candido de Carvalho
João Carlos da Rocha
José Benedito Oliveira Amorim
José Roberto Rodrigues
José Roberto Sá Lima
Juliana Campos Junqueira
Julio Cezar de Melo Castilho
Lafayette Nogueira Junior
Lucia Teramoto
Luciane Dias de Oliveira
Lúcio Murilo dos Santos
Luiz Antonio Guimarães Cabral
Luiz Eduardo Blumer Rosa
Luiz Kiyoaki Okazaki
Luiz Roberto Coutinho Manhães Junior
Marcelo Fava de Moraes
Marcelo Marotta Araújo
Márcia Carneiro Valera Garakis
Marco Antonio Bottino
Marcos Yasunori Maekawa
Mari Eli Leonelli de Moraes
Maria Amélia Maximo de Araújo
Maria Aparecida Neves Jardini
Maria Filomena Rocha Lima Huhtala
Marianne Spalding
Marina Pasetto Nobrega
Miguel Angel Castillo Salgado
Mônica Fernandes Gomes
Nelson Luiz de Macedo
Osvaldo Daniel Andreatta Filho
Paula Carolina de Paiva Komori
Paulo Villela Santos Junior
Rebeca Di Nicoló
Renato Sussumu Nishioka
Rodrigo Maximo de Araújo
Rosilene Fernandes da Rocha
Rubens Nisie Tango
Sérgio Eduardo de Paiva Gonçalves
Silvio Myaki Issao
Sigmar de Mello Rode
Simone Helena Gonçalves de Oliveira
Suely Carvalho Mutti Naressi
Symone Cristina Teixeira
Tarcísio José de Arruda Paes Junior
Vera Lúcia Ignácio Molina
Walter Domingos Niccoli Filho
Warley David Kerbauy
Weber José da Silva Ursi
Yasmin Rodarte Carvalho

## Ex-Docentes ao longo desses 50 anos

### Professores:

Adilson José de Godoy
Alberto Sansiviero
Aldari Raimundo Figueiredo
Alfeu Vitelli Marinho Filho
Antenor Araujo
Álvaro Bernal de Almeida Junior
Álvaro Glerean
Ana Helena Junqueira Marcaccini
Ana Lucia Marsilio
Andréa de Castro Perez
Andrea Leotta
Antonio Carlos Prado Rudge Bastos
Antonio Chapola
Antonino Kimaid
Armando Curti Júnior
Ary José Dias Mendes
Augusto de Escragnolle Taunay
Aurea do Carmo Pêpe Agulha
Bertha Rosenberg
Caetano Benito Bazzarella
Carlos Alberto de Queiroz Carvalho
Carlos Alberto Jambeiro da Rocha
Carlos Eduardo de Godoy

Carlos Eduardo Dias Colombo
Carmelinda Schmidt Unterkircher
Carmen da Motta e Albuquerque
Catarina Segreti Porto
Celeste Simões
Celso Soares Haberbeck Brandão
Cervantes Jardim
Claudete Deguirmendjian Rosa
Cláudia Deguirmendjian Rosa Rottgering
Claudio Hideki Kubo
Cyro Andrade e Silva
Dante Antonio Migliari
Dario Mori Romani
Decio dos Santos Pinto
Décio Paiola
Décio Pereira de Castro
Delcio Pasin
Demósthenes Orsini
Diede José Gomes Lameiro
Divo Leonardo Sanioto
Durval Teixeira Vieira
Edgard Pereira de Souza
Edmundo Medici Filho
Edmundo Pinto da Fonseca
Edna Maria Motta Januzelli
Eduardo Katchburian
Edvaldo Dias Lima
Elisabete Moraes
Eraldo Muniz Verdi
Eurico José Garcia Moreira
Fábio Aurélio de Almeida
Fausto Ivan Pinheiro Villas Bôas
Felipe Glezer
Fernando Renó de Lima
Flavio Rachid Hatun
Flávio Zelante
Francisco José da Costa Rangel
Franklin Edgard de Moura Campos
Gerson Munhoz dos Santos
Gilberto Bavoso de Sá
Gilda Schmidt
Hed Arruda Camargo
Heichi Shinozaki
Hélio Schmidt
Henrique Cerveira Netto
Hisakazu Hayashi
Hugo Benatti Júnior
Ida Ruston Silva
Iris Maria Fróis
Jaime Freitas Ribeiro
Jesus Pan Chacon
João Ernesto de Carvalho
João Pereira de Lima
João Ramos de Freitas
João Vieira de Moraes
Job Sarmento da Silva
José Barbosa
José Benedito Bicudo Junior
José Benedicto de Mello
José Bonifácio Fonseca
José Carlos de Oliveira e Silva
José Cássio Marques de Carvalho
José Eduardo Junho de Araujo
José Edvar Simões
José Luiz Ramos de Andrade
José Maria Pereira Sampaio
José Roberto de Oliveira e Silva
José Roberto Santana de Moura Júnior
Lauro Cardoso Villela
Leila Novaes
Lenine Capel Martins
Luiz Carlos Pereira Viana
Luiz Cesar de Moraes
Luiz Fernando de Almeida Candelária
Luiza Santos Damasceno
Marcelo Queiros dos Santos Kneese
Marco Antonio Dias da Silva
Marcos Koiti Itinoche
Maria Aparecida Carmona Rosa Kerbauy
Maria Aparecida de Oliveira e Costa Graziosi
Maria Aparecida Dias Noronha
Maria Auxiliadora Junho de Araujo
Maria Cristina Cezarini
Maria Nadir Gasparoto Mancini
Mário Enzio Atilla Pasqualucce
Mario Tsunezi Shimizu
Maximiliano Piero Neisser
Michal Gartenkiant
Miguel Carlos Madeira
Milton de Souza Teixeira
Neide Amélia Teixeira Pereira Martins
Neide Querido Almeida
Nelson Abdalla Saad
Nelson Junqueira de Andrade
Newton José Giachetti
Nicolau Diacov
Nylcéo Marques de Castro
Obemor Pinto Damasceno
Oduvaldo Câmara Marques Pereira
Orlando Campos
Osvaldo Rodrigues Junior
Oswaldo Hernandes
Oswaldo Leão
Oswaldo Martins Toledo
Oswaldo Xavier Ribeiro
Paschoal Laércio Armonia
Paulo Isaías Seraidarian
Paulo José Simão
Paulo Tone
Pedro Manoel Dellias
Pércio Furquim Rebouças
Priscilia de Macedo Custódio Vidal
Radamés Gonçalves de Freitas
Regina Celia Santos Pinto Silva
Renato Augusto Campana
Renato Satio Yasssuda
Reynaldo Fernandes Marques

Ricardo Amore
Roberto Antonio Nicodemo
Roberto Ayres Sandoval Marcondes
Roberto Domingos Andreucci
Roberto Luiz Alves Pereira
Rogerio Lacaz Netto
Rolf Rode
Rosehelene Marotta Araújo
Rudy José Rosso
Ruy Fonseca Brunetti
Sandra Cardoso Barbosa
Sérgio Goulart Serra
Silvana Soleo Ferreira dos Santos
Silvia Helena Elias
Stela Maria Ouvinhas Rossetini
Susana Aparecida Tomazela
Sylvio Simões
Telma Sumie Masuko
Terezinha de Oliveira Nogueira
Valéria Abrantes Pinheiro Carvalho
Vera Fantinato
Virginio Pessoa Delgado Filho
Wellington Lemos de Araujo e Souza
Wilma Pereira Bastos Ramos
Wilson Galvão Naressi
Wilson Xavier Ribeiro
Zélia Drumond Ortiz

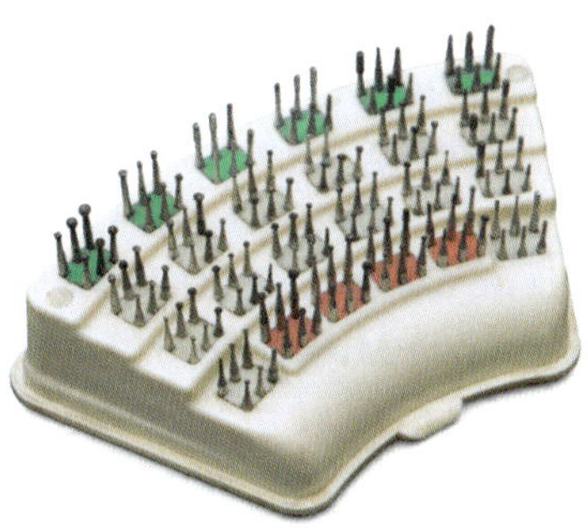

Broqueira

## Corpo Técnico e Administrativo

### Em atividade

Affonso Henriques Netto Sobrinho
Ailton Tobias da Silva
Alessandra Pereira Costa
Aluízio Sérgio da Silva
Amara Raquel Ambrósio Dutra
Ana Lourdes da Silva Machado
Ana Maria Monteiro de Barros
Ana Paula Mattozo Durante
Ana Paula Simão Corrêa Matos
Ana Rita Silva Oliveira
André Luiz Goia de Araújo
Angela Cristina da Rosa
Angela de Brito Bellini
Antonia Elisabeth da Cunha Monteiro
Antonio Domingos S. B. M. Vasconcellos
Aparecida de Moraes
Beatriz Galvão Nogueira
Carlos Alberto Guedes
Carlos Eduardo de Oliveira
Celina Venâncio Fernandes
Célio dos Santos Silva
Claudia Aparecida do Carmo
Clélia Aparecida de Paiva Martins
Clodoaldo Virginio de Almeida
Debora Cristiane de Morais
Deise Cristina de Azevedo G. Coelho dos Reis
Dimas Claret Pereira
Divair Moreira Luiz
Domingos Gonçalves Pontes
Doracilda dos Reis
Edmilson Aparecido da Silva
Edson da Silva
Eliana Damasceno
Eliane Wenzel Barcellos Silveira
Elisabete Aparecida de Souza Santos
Elizabete Fernandes de Souza Santos
Elizete Wenzel Moreira
Erena Michie Hasegawa
Ernesto Sávio de Paula
Evelyn Requena de Souza Gonçalves
Fátima Aparecida Sampaio Araújo
Fernanda Maria de Brito Cunha
Fernando Carlos Fontes
Fernando Eduardo Pereira
Francilene Maria Veneziani Kamezawa
Francisco Xavier dos Santos
Geraldo da Silva
Glacy Silverio dos Santos de Freitas
Goretti Fatima dos Santos Oliveira
Guilherme Ortiz Mello
Gustavo Mendes da Cunha
Helena Watanabe
Hélio Rodrigues Cassiano
Iara Silva Oliveira
Ivan Carlos Vanzella
Janaina Ferreira Aires Rocha
Janaína Kamezawa de Andrade
Janaina Silva Bueno
João Benedito Ribeiro
João Carlos Carvalho de Bacigalupo
João Félix da Silva
João José de Azevedo Sobrinho
João Ribeiro dos Santos
Jorge da Conceição
Jorge Francisco
José Antonio Pereira Salgado
José Claudinei Salgado
José Everaldo dos Santos
José Rubens Parreiral
José Rubens Vieira
Joseane Imaculada Faria Mendes
Josiana Maria Alves Carneiro
Juliane Damasceno
Lilian Faria de Oliveira Braga

Ingressantes em 1963 (4ª turma - Período integral)

Abrão Piatecka
Alércio de Souza Irigarai
Álvaro Siqueira Vantine
Antonio Carlos Conde Azzolini
Antonio Cesar Garcia
Carmen Castilho Alonso
Edson Sbruzzi

Heichi Shinozaki
Heraldo Metzker Trindade
Homero Godlianskas Zen
Ina Maria Antunes da Rocha
Irani Mendes de Oliveira
Luiz Walter Moraes Barbosa
Mitsuo Tanaka

Moacyr Vieira
Neucy Alves Coelho
Noboru Imura
Oscar Keijiro Mashuda
Roberto Miguita
Seijo Hokama
Virgínia Sheila Zamith

Ingressantes em 1964 (5ª turma - Período integral)

Alice D'Cara
Alzira Carvalho de Oliveira
Antenor Araújo
Carlos Alberto Rodrigues
Claudete Cataldi Brugnara
Diana Nobuyo Kajiura
Enrique Rubin
Francisco Manoel Freire
Horácio Aurélio do Valle Garcia
Hugo de Araújo Luz
Izabel dos Santos Lima
João Baptista de Lima
José Prudente do Espirito Santo
José Roberto Sá Lima
Liria Frederica Gonzales Praça
Luiz Fernando Vieira Negrini
Maria Cassia de Siqueira
Manoel Caetano Mesquita Neto
Nereida Ferreira Neto
Odete de Barros Cardozo
Paulo Cesar Albo do Amaral
Rivani Ribeiro
Rosa Maria Gosso
Rosehelene Marotta
Rubens de Camargo Vianna
Sebastião José Moreira
Sérgio Salviani
Takeiti Higa
Zélia Maria Alves Vaz

## Ingressantes em 1965 (6ª turma - Período integral)

Adherbal Araujo
Alberto de Luca Junior
Aldari Raimundo Figueiredo
Alli Kassim Zeinad
Anibal Martins Antunes
Antonio Carlos Villaverde
Antonio Tavares de Pinho
Almir Nadim Raslan
Antonio Caetano Caltabiano
Carlos Lavezzo
Celso dos Santos
Diodi Okamoto
Domingos Geraldo Sica
Eraldo Lopes
Francisco Bulizani
Hugo Rosais Braga
Iris Maria Antunes Godoi
Issao Kagohara
João Baptista Franchi
José Chibebe
José Roberto de Oliveira Campos
Júlio Carlos Ribeiro Neto
Koto Nakae
Kunihiro Matsumura
Laudo de Camargo Neto
Lucila Bardo Andrade
Luzimil de Oliveira
Lygia Marques Leite
Manoel Francisco Fraga
Marco Antonio Bottino
Maria Martha Luko Abé
Mário Ney Ribeiro Daher
Marlene Gonzales Martinez
Miguel Pacheco de Rezende
Monir Hanonia
Nelson Luiz de Macedo
Osvaldo Rodrigues Junior
Renato Fava de Moraes
Roberto Regis da Silva Carvalho
Rosemary Gerhke Cardoso
Roseny Gehrke Cardoso
Sérgio Luiz Perito Cappucci
Sílvio Antunes Cocenas
Teresinha Maria Cardoso Guaycurú

INGRESSANTES EM 1966 (7ª TURMA - PERÍODO INTEGRAL)

Ademir de Assis Figueiredo
Ana Lucia D´Cara
Antonio Tavares de Pinho
Antonio Vieira de Souza
Ary Pacheco dos Santos
Carlos Roberto Bueno de Camargo
Carlos Roberto Soléra
Dalila Cesar Melo
Dulce Abirached Abud
Frederico Marcondes
Helio Mansur Abud
Heitor Nonno
Janette Rabay
Jorge Hirayama
José Alberto Mazza
Júlio Cesar Ruggiero
Lázaro Benedito Franco
Lúcia Tereza Silveira
Lucila Bardo Andrade
Luiz Roberto Gonçalves Fava
Márcia Perine
Maria José de Lima Santos
Miguel Pacheco de Rezende
Nelson Antonio Ribeiro Alves
Ondina Marta Kreplin
Pedro Nelson Lemos de Oliveira
Ricardo Cazuo Sanoda
Roberto Regis da Silva Carvalho
Rubens Celso do Amaral Nunes
Wilson Roberto Salinas
Xênia Maria Atiê
Yoshio Nakanishi

Ingressantes em 1967 (8ª turma - Período integral)

Alfredo Mattana
Ana Lúcia D'Cara
Ana Maria Tavares Lucci
Antonio Ruiz Ruiz
Antonio Vieira de Souza
Benedito Aparecido Arantes
Caetano Possedente Neto
Caio Fabio de Figueiredo Freitas
Carin Helga Rogasch
Celeste Regina Cabral Cardoso
Celso Ribeiro dos Santos
Daniel Bartolomeu Sbruzzi
Durval Teixeira Vieira
Eleodora Dutra da Fonseca
Erasto Cláudio Bueno Baracho
Geraldo Fernandes Sobreiro Júnior
Guilherme de Almeida Sandoval
Helena Hatsushika
Joaquim Anardino D'Almeida
José Júlio de Souza
José Luiz Barbosa
Leolinda Santos Accioly
Luiz Antonio Cardoso Moreira
Marcos Antonio Pereira
Marcos Yasunori Maekawa
Margarida Barbosa
Maria Célia Ribeiro
Maria Stella Figueiró
Maria Helena Piovesan
Milton Issao Suwaki
Myriam de Paula Rosa
Nanci Aparecida Bernardes Rodrigues
Nobuyuki Tobisawa
Ricardo Pierantoni
Rosemari Scanavacca Moreno
Sandra Regina Friggi
Tamara Faria Pinotti
Vantuilde Ferreira
Washington Lemos de Araújo e Souza
Zênite de Toledo Dias

INGRESSANTES EM 1968 (9ª TURMA - PERÍODO INTEGRAL)

Adriana Cicchi
Akira Fuchigami
Ari Ferreira de Matos
Carlos Benedictus Pereira de Almeida
Darcy Setsuko Kajiura
Denis Dalton Gonelli
Elizardo Antonio Zara
Hamilton Navarro
Helena Benedita Pinho
Joel Ramos Mota
José Carlos de Oliveira e Silva
José Joaquim Rangel de Castro
José Vitor dos Santos Bispado
Leonardo Godoy
Marcos Antonio Furini
Marcos Antonio Toledo de Camargo
Maria Luiza Mendes Guimarães
Maria Naira Pereira
Marieta Barbosa de Freitas
Rosa Nakanishi
Rosmary Sônia Golla
Sandra Marina Antico
Sara Camargo Carone
Silvia de Souza Dias
Sueli Nilda Moreira da Silva
Véra Lucia Barbosa de Carvalho
Vera Lucia Pedro

## Ingressantes em 1969 (10ª turma - Período integral)

Adelino Manoel Esteves
Antonio Luiz Marques Maia
Carlos Alberto da Silva Vargas
Catherine Dominique Simone Fischer
Domingos José Ramos de Mello Filho
Eurico José Garcia Moreira
Gino Consorte Filho
Gladys Waissman
Hermezinda Belo
Henerberto Jesus Ahern
João Batista Gifoni Vieira
João Batista Macedo Becker
João Batista Thibes
João Roberto Peres
João dos Santos Moderno Filho
José Antonio Querido
José Eduardo Junho de Araujo
José Flávio Mathias Bueno
José Roberto Monteiro
Lúcia Teramoto
Márcio Chaves de Andrade
Marcos Antonio de Lima
Maria Amélia Máximo
Maria Antonia Pereira
Maria José de Morais
Maria Laura Ferreira
Marilene de Lima
Mário José dos Santos
Mário Lopes Rebello
Neusa Vieira Galvão
Osvaldo Francisco Leal
Regina Célia Bonini Santos Pinto
Sonia Regina Rachid
Tânia Faria Pinotti
Tereza de Jesus Menezes Pereira Ruivo
Tibúrcio Nunes do Nascimento Neto
Vanderlei Luiz Goulart
Vera Lúcia Lara Nogueira
Yedda Maria Gomes
Yolanda de Souza Dias

## Ingressantes em 1970 (11ª turma - Período integral)

Achille José Brichese
Carlos Alvarez Sanches
Célio Augusto Lessi Garreta
Cleide Maria de Lemos Pedroso
Clovis Pagani
Eliane Maria de Almeida Aquino
Ernesto Maia de Miranda
Fernando Eidi Takahashi
Fernando Renó de Lima
Flavio Rachid Hatun
Gilda Maria Caltabiano
Glaura Flavia Antunes Romeiro
Ilza de Morais e Silva
Isabel Lombardi
Jairo Carvalho Junqueira
João Batista de Paula
João Lia Neto
Jocelyne Braga
José Marcio Nunes
José Ricardo Junior
José Roberto Rodrigues
Manoel Domingos Garcia
Marcia Moreira Moraes
Maria Angélica Ribeiro
Maria Aparecida da Silva
Maria das Graças de Assis
Maria de Lourdes Alves Vaz
Maria de Lourdes Caltabiano Magalhães
Maria Mazarelo de Lima
Marisa Rocha Coelho
Marisa Simonetti de Abreu
Neide Záccaro de Campos
Paulo Villela Santos Junior
Pedro José Núbile Abdalla
Pedro Velasco Dias
Rosa Maria Assis
Rosa Maria Guimarães Neves
Sandra Regina Veneziani
Silvio Sérgio Jação
Sueli Guimarães Jouan
Terezinha de Oliveira Nogueira
Wellington Lemos de Araujo e Souza

## Ingressantes em 1971 (12ª turma - Período integral)

Alberto Siqueira e Silva
Ana Antonieta Pereira
Ana Maria da Silva Costa
Argemira Augusta Mendes Monteiro
Celina Surnin Saes
Cesar Figueira Miranda de Carvalho
Creusa Pires Neves
Dayse Ferreira de Souza
Dayse Santos Freitas
Dinéia Pádua Barbosa
Dirceu de Oliveira Leite Júnior
Elizabeth Aparecida Abib de Godoy
Edna Maria Megale Barrios
Edna Reiko Nakanishi
Elio Artur Toseto
Elza Mariko Kiyohara
Geraldo de Mesquita Sampaio Neto
Gilberto Nicanor da Silva
José Urzedo da Cruz
Laura Surnin Saes
Lucio de Lara Ramalho
Luís Ronaldo Picosse
Maria Angela Ferreira
Maria Aparecida Meira de Vasconcellos
Maria Aparecida de Oliveira e Costa
Maria Cristina Puccini Molina
Maria Raquel de Paiva Nunes
Marlene Jesuino Brito
Maurício Riccioppo Magacho
Nestor Estéfano de Oliveira
Neuma Guimarães
Norma Rossini Alcantara
Osvaldo Antonio de Lima
Pedro José Oni Sirai Missugiro
Roselen Aparecida Urizzi Teixeira
Rosita Aparecida Ribeiro
Roseli Gonçalves Granja
Sônia Regina Rocha dos Santos
Tânia Filomena Tavares Lucci
Teresa Cristina Camargo Carvalho
Therezinha de Castro Mello
Vania Naves Silva

## Ingressantes em 1972 (13ª turma - Período integral)

Adilson José Godoy
Ana Cristina Borges Gazola
Arnaldo Pires de Oliveira
Ascânio Caetano de Faria
Edmur Mendes
Eloim Barbosa Pereira
Eurico Cesar Montenegro Zamboni
Fabio Antonio Moreira
Firmina Maria Macedo de Souza
Gilberto Antonio Martins Veloso
Gualdino da Silva
Helio Marcondes Damasio
João Antonio Salgado Ribeiro
José Antonio Monteiro
José Roberto Ferreira de Carvalho
Lélia Maria Horta Nogueira
Lucia Helena Cabral Cardoso
Luiz Artur Dias
Marco Aurélio Cavalca Zambrano
Maria Angélica Azevedo Figueiredo
Maria Antonia Tralli
Maria Aparecida Fonseca Corrêa
Maria Cristina Ferreira
Maria das Graças Camargo
Maria de Fátima Moraes Fernandes
Maria de Fátima Vieira Dias
Maria Elisabeth de Oliveira
Maria Elizabeth Dias Machado
Maria Inês Wendling Costa
Maria Regina do Nascimento Faria
Maria Tereza Azevedo Figueiredo
Mario José Meloni Horita
Mário Moreira da Silva
Roberto Carlos Moraes Fernandes
Roque Amaral Santos Filho
Silvio Nelson Moreira da Silva
Sonia Aparecida Jungers
Sydionil Maluf
Vera Lúcia Bernardes Rodrigues
Wilson Alves Ferreira

## Ingressantes em 1973 (14ª turma - Período integral)

Ana Luzia de Barros
Benedito Luiz Pinotti Martins
Carlos Alberto Mondadori Mostasso
Carlos Maeda
Carlos Vasconcelos Morais
Consuelo Branco Lopes
Denise Tibério
Dorival da Silva
Eugênia Maria de Almeida Fonseca
Francisco da Silva
Francisco Fernando Moreira
Hideo Suzuki
Hiroko Tanaka Arai
Humberto de Oliveira Bueno
Jairo de Paula Ferreira Filho
João Carlos de Souza Kizahy Baracat
João Marcelo Ferreira de Medeiros
José Antonio Claret Alves da Luz
José Antonio Souza Pinto
José Israel Lopes
José Luiz Ferreira de Barros
Júlio Cezar de Melo Castilho
Leny Billia Silva
Luiz Roberto Petrilli
Marco Antonio Madeira Gagliardi
Maria Angela Moya e Silva
Maria Antonieta de Souza
Maria Célia Alkmin
Maria Cristina Leite Nogueira
Maria de Lourdes Monteiro
Mario Roberto Leite Augusto
Maurício Ribeiro Prado
Nelson Machado
Osly Yuji Tominaga
Osni Xavier Morais
Ricardo Simões Neves
Rubens Augusto de Almeida Rolim
Sadao Morinaga
Solange Aparecida Caldeira
Wilson Luiz Scagion

Ingressantes em 1973 (15ª turma - Período integral)

Ana Lúcia Natrielli de Almeida
Antonio da Cunha e Silva
Benedetto Pellegrini
Benedicto Bosco Lopes
Carlos Augusto Pavanelli
Catarina Martins Monteiro dos Santos
Denise Baum Di Domenico
Dilson Jorge Bezerra de Menezes
Dirce Matue Kajita
Eliel de Almeida
Elisabeth de Souza Pinto
Flavia de Souza Madureira
Francisco Edson Gusmão
Francisco Pradelli Peyro
Francisco Vitarelli de Carvalho
Helcio Luiz Castello de Moraes
Heloisa Helena Camargo Carvalho
Heraldo Natalino
Humberto Soliva
Ivan Rodolphe Bozzolan
José Joaquim Marques
Luiz Gonzaga Sundfeld
Marco Antonio da Silva
Marco Antonio Sala
Maria Auxiliadora Junho de Araujo
Maria Eliza de Aguiar e Silva
Maria Lucia Carvalho Giacomini
Oswaldo Gomes da Silva Filho
Otávio de Oliveira Junior
Renato Carlos Shimidt
Reyes Dominguez Sanz
Rubens Soubihe Maluf
Sandra Cardoso Barbosa
Sandra Maria Carvalhal Berla
Silvia Mara Martins
Silvia Maria Nóbrega Villas-Bôas
Sylvio Fagnani Junior
Vera Lúcia Maiello
Vidal Moreira Filho
Yasmin Rodarte Carvalho

## Ingressantes em 1974 (16ª turma - Período integral)

Adalzira Monteiro Strafacci
Ana Maria de Andrade
Ana Lazara Augusto Corrêa
Arlete Maria Faraco
Artemisia Imperia
Carlos Augusto Brasil Portal Jorge
Césio Emir Caçapava
Claudio Luiz Koide
Douglas Antonio Rodrigues
Eliete Ferreira Osses
Elisabete Maria Grechi
Elizabeth Montans Condé
Fred Luiz Romeiro
Ilkias Zanetti Barbosa
Jane Nociti de Oliveira Costa
Janet Susan Davies
João José Gonçalves
João Parisi Neto
João Roberto Freschi
José Alcides Azevedo de Souza Marques
José Walter Mercadante Becker
Luzia Sakaguti
Marcia Boen Garcia Liñan
Marcia Maria Gonçalves
Marco Aurelio Leite de Toledo
Maria Célia de Castro
Maria Cristina Teixeira Fonseca
Maria Eloisa de Oliveira Paiva
Marie Kawakami
Ney Sérgio Fogaça
Newton Roberto Ribeiro
Paulo Afonso Teles de Queiroz
Paulo Francisco Martorano Giardini
Reinaldo Fernando Harmani
Reynaldo Todescan Junior
Sara Murad
Sergio Monteiro Caron
Silvia Helena Elias
Suraya Chahine
Terezinha Foresteiro Morgado

## Ingressantes em 1974 (17ª turma - Período integral)

Abel Augusto Batista
Aimê Zanon Ferreira Machado
Angela Maria Marques de Carvalho
Antonio Olavo Cardoso Jorge
Dileta Aparecida Pagliuso Pacini
Elena Aparecida Pavanelli
Elisabeth Kay Okada
Elvira Dias Faria
Francisco Carlos Paludetti
Jaime Santos Lucchesi
João Carlos Carvalho Bacigalupo
Juvenal Motta Neto
Lenilda Soares da Silva
Luciana Regina Matelli
Marcia Regina Ayrosa de Andrade
Marcos Augusto do Rego
Maria Aparecida Ferreira de Carvalho
Maria Aparecida Zappa
Maria Augusta Figueira Camara
Maria Christina Velloso
Maria Cristina de Magalhães
Maria das Graças Carvalho Zamith
Maria Eliseth de Oliveira
Maria Elizabeth Jungers Calderaro
Maria Inês Donnini
Maria Inez Arantes de Azevedo Brito
Maria Regina Silva Paiva
Maria Teresa Crepaldi
Mario Ide
Odalício Vieira de Siqueira
Regina Lucia Bidone
Regina Maria Maximo
Rosalina de Moraes Reina
Salete Maria Pereira de Castilho
Solange Azevedo Lemos de Oliveira
Sonia Hardt
Sonia Harue Tengan
Tomé de Oliveira Carvalho
Vicente Gonçalves Martins Neto
Wagner de Oliveira

Ingressantes em 1975 (18ª turma - Período integral)

Alberto Saba
Alzira de Fátima Gervásio
Ana Maria Berto
Ana Maria José Ciotti
Ana Olimpia Chaves
Antonio Soria
Claudio Junqueira Ferreira de Carvalho
Cristina Elizabeth Costa
Dulcirene Stefani Beghini
Edgard Bastos Filho
Ediane Costa Mendes
Elisa Nakandakare
Estevão Tomomitsu Kimpara
Francisco José de Moraes Macedo
Gilberto Antonio Picchi Piccolo
Izildinha Andrade Barbeiro
José Luongo Neto
José Mauricio da Costa Filho
José Rogério Sartori
Jussara Marques Bochi
Luiz Antonio dos Santos Pinto
Luiza Fujiko Okamoto
Maria Cecilia Ferreira Bertoldi
Maria Dulce França Senne
Maria Imaculada Mazza
Maria Isabel de Arruda
Marisa Mattieli de Carvalho
Moacyr José Padilha de Araujo
Nanci Regina Galhani
Nelson Yukishigue Tsutiya
Osvaldo Matheus Caleiro Narcizo
Percival Domingues das Neves
Rita de Cassia Fernandes da Silva Domotor
Rita de Cassia Tomazine
Roberto Hideo Nakanishi
Sonia Aparecida da Silveira
Sonia Maria de Oliveira
Tarcísio Augusto Brandão
Teresa Cristina Arantes Macedo
Tuffi Abras Zied

## Ingressantes em 1975 (19ª turma - Período integral)

Ana Christina Elias Claro
Aparecida Camargo Alves Fernandes
Aparecida Catarina da Silva Marques
Célio Eduardo Bacci
Claudio Veiga Simão
Diaulas de Almeida Castro Junior
Dimas Soares dos Santos
Edna Borges
Eliana de Fatima de Toledo
Eliana Andraus
Eliane Aparecida de Souza
Eloisa Helena Scacchetti
Francisco de Assis Laureano
Harumi Kono
Hélio Hissao Kawakami
Heloisa Festa Casali
Horácio Benedito de Oliveira
Israel Claudio da Silva
Jacy de Lourdes Carvalho
José Eduardo Cozzi
José William Leite Oliveira
Jussara Helena da Rocha
Lia Margareth Bettoni Moreira
Luci Celestini
Luciano Mistura
Marcia Maria Santos Moura
Maria Alice Oliveira Silva
Maria Aparecida Carmona Rosa
Maria Celia Gonçalves
Maria de Fatima Bucharles
Maria Ligia Moreira
Maria Lucia Ronconi
Maria Teresa Arroyo de Araujo
Mauro Ossamu Aoki
Neusa Maria Soares
Paulo Minoru Takehara
Regina Teresinha Giglio
Rogerio Grecco Ferreira
Salvatore Li Puma
Sueli Cesar Cavalcanti

## Ingressantes em 1976 (20ª turma - Período integral)

Alessio Mariotti Tringali
Antonio Carlos Latierzo
Carlos Roberto Saloni
Celso Vanelli Junior
Dalva Maria Gagliotti
Doélio Jabrur
Dulce Marilia Orsi
Eduarda Chagas Mendes
Elza Picciafuoco
Emy Okada
Evelyn Picazzio
Gerson Lopes
Gilda Massaé Oyabru
Hiroshi Sugohara
João Bosco Marcondes e Silva
João Paulo Panissi Ferreira
Jorge Erasmo Néo
José Carlos Moreira
José Geraldo Titarelli
Lindoia Bernardino
Luís Akira Ansai
Luiz Carlos Andrioni Mondini
Maria Cristina Marques Campos
Maria de Fátima Scarparo
Marigle Bordinhon Barbosa
Marta Regina Campolim de Oliveira
Marta Regina Jacomini
Mauro Teixeira Villanova
Miguel Abud Marcelino
Regina Aparecida de Almeida Luizon
Suely Carvalho Mutti
Valdir Marino Gola
Vânia Mitie Sendai
Virginia Rezende
Vladen Vieira
Walkiria Artuzo
Warley David Kerbauy
Yara Camargo de Souza
Yara Darcy Iadocico

Ingressantes em 1976 (21ª turma - Período integral)

Abigail de Lourdes dos Santos Cunha
Alexandre Furini
Brigida Maria Almeida Carvalho
Celio Ventureli da Silva
Cintia Helena Fukasawa
Edson de Mattos Pompeu Hyppolito
Eduvaldo Silvino de Brito Marques
Elisabete Aparecida de Paiva
Elisabeth Maria Vasconcellos Garcia da Silveira
Itamara Lucia Itagiba
Ivana Jorgina Machado
José Omir Veneziani Júnior
José Roberto Pereira Rodrigues
Julio Cesar Salles
Laura Hiroko Hayashi
Ligia Bischoff do Amaral
Lina Maria Gyorfy
Maria Aparecida Farat
Maria da Penha Rodrigues Pereira
Maria Inês Leme
Maria Otilia Pandolphi Pereira
Maria Rosângela Dias Rocha
Maria Rozeli de Souza Quirino
Mariza de Moura
Marta Solange Rampani
Neusa Maria Guimarães
Paulo Roberto Silva Marcondes Cesar
Rosana Maria Vilela Vilaça
Rosemary Tominaga
Sandra Casati Picinin
Sandra de Souza Pinto
Sandra Pinto Ramos
Sergio Hiroshi Nakamura
Sergio Lombardi Tavares
Silvana Silva Mertens
Sylvia Maria Prudente Nóbrega
Tania Mara Branco
Valerio Costa
Véra Marcia de Oliveira
Vitória Cláudia Pinotti

INGRESSANTES EM 1977 (22ª TURMA - PERÍODO INTEGRAL)

Adelia de Toledo Moraes
Almir Alves Feitosa
Ângela de Araujo Venter
Antonio Luiz Guimarães
Ariane Soliva
Benedita Maria de Fátima da Silva
Carlos Aércio de Souza Carnevalli
Carlos Koti
Célia Marisa Rizzatti
Célia Mitie Yamamoto
Dirceu Pedro Peixoto
Eduardo Prada
Emne Hammoud
Georgette Ortiz
Gláucia Maria Pereira
Helenita Aparecida Viécili
Helio Fernandes Sobreiro Junior
Heloisa Gomes da Silva
Hideko Minami
Jairo Guimarães Braga Junior
José Augusto Biscaro Costa
Lourdes Satiko Nakagawa
Marcia Bragatto
Márcia Vieira Marcondes
Maria Aparecida Leme da Silva
Mario Tomiyoshi Uchiyama
Paulo Haroldo de Paula e Silva Costa
Regina Ascenção Pequeneza
Roberto Mitsuo Suzuki
Rosangela Guimarães Ferreira
Ruth Cezar
Sergio Eduardo Bettiol
Sergio Mussatto
Sergio Souto Alves da Cruz
Silvio Luiz Seba
Sofia Giarolla
Ulisses Benedito Ramiro
William Paulo Carioca
Wilson Roberto de Abreu
Won Bo Park

## Ingressantes em 1977 (23ª turma - Período integral)

Adaise Ferreira Reis
Armando Falla Ghidella Filho
Aurea Aparecida Agostinho
Cloy Renata França
Cristina Silva Machado
Dimas Renó de Lima
Dulce Camargo Lamparelli
Eliana Monteiro Zendron
Frederico Ribeiro Carneiro
George Washington Buncana de Camis
Gessia Beatriz Carnevalli de Oliveira
Heloisa Isaura Santos de Siqueira
Horacio Faig Leite
Jarbas Francisco Fernandes dos Santos
José Cerrutti Sobrinho
José Fernando Pereira de Mattos
José Marcio Dias
Leila Maria Tosetto
Ligia Prado Leite
Lucia Aparecida Sisti Pereira
Lucia Monteiro da Silva
Luciana Monteiro
Luzia Aparecida Rodrigues Pereira
Marcia Savastano
Maria Cândida Monteiro
Maria de Fátima Ribeiro Cordeiro
Maria Isabel Ribeiro Delgado
Maria Luiza Galvão Salgado
Maria Olimpia de Sousa
Maria Silvia do Amaral Patricio
Marilene Koide
Moisés Gabril Abdala Neto
Pedro Lopes Junior
Regina Helena Ribeiro dos Santos
Renato Pazinatto
Ricardo Luiz de Lima Barbosa
Rosana Alcântara de Oliveira
Silvia Alarcão Ortiz
Solange Maria de Almeida
Vicente de Paula Prisco da Cunha

## Ingressantes em 1978 (24ª turma - Período integral)

Alberto Akio Fugisawa Tiba
Ana Mercedes Villas Bôas
Benedita Isabel Soares Martins
Cinara Poli Veneziani
Cleide Regina Alves Carrara
Décio dos Santos Pinto Júnior
Denise Freire
Derci Antonio de Macedo
Edna Alves Serra
Eliana Maria Nunes Miguel
Fernando Massayochi Kavasaki
Helena Maria Bolanho da Rosa
Leide Emi Sasaki
Livia Rogeria dos Santos
Luzia Miranda
Marcia Cristina Nunes Paoli
Márcio Valerio d´Olim Marote
Marcos José Gallo
Maria Aparecida Leite
Maria Aparecida Santos
Maria Cristina Guimarães
Maria do Carmo Rodrigues dos Santos
Maria Nazaré do Nascimento
Maria Regina Goulart
Maria Silvia Pinto Marques
Marina de Paula Mousinho
Mario Marcio Silva Ferreira
Marlí de Souza
Marlise Regina Meyer
Maysa Carvalho Assegava
Norberto Marchini
Regina Scaf
Rosangela Moreno
Rosemary Micoli
Solange Pane
Sonia Aparecida Neves
Suely Aparecida Gandur
Tânia Zagatto da Silva
Uissal Yaktine
Vera Lucia Pinto Ferreira

Ingressantes em 1979 (25ª turma - Período integral)

Carlos Eduardo Silva
Carmem Silvia Patriani de Carvalho
Denise Aparecida Bertolotti
Geiza Araujo Amaral
Hélia Kamegasawa
Iraní Feres
Irene Teresinha Bokliang Ang
Izabel Cristina Terner Gyori
Jairo Rodrigues
Júlia Mitiko Miyata
Ki Bong Lee
Lídia Kiyomi Tokumaru
Marco Antônio Albertoni
Marcos Bernardes Gil
Maria Alice Batista
Maria Aparecida de Camargo Pinto
Maria Aparecida Neves Jardini
Maria de Fátima Linares Corrêa
Maria de Fátima Mariano Bricks
Maria Elizabete Ferreira Alves
Maria Isabel Constantino Busch
Mario Sheizó Tamashiro
Marisa Hiroko Matsumura
Marisa Novaes Baraças dos Santos
Nelson Matomu Sagara
Nilton Yoshida
Niki Tezari de Almeida
Paulo Fernando Costa Mendes
Regina Fanizzi Cerdeira
Regina Yuriko Koga
Renata da Rocha Siqueira
Renato Sussumu Nishioka
Roberto Shigueo Matai
Ronaldo Jaha
Rosely Aparecida Barbella
Rubens Sabio Gamez
Sonia Aparecida de Souza Monteiro
Sonia Nobuko Nishi
Telson Gomes Esteves da Cunha

INGRESSANTES EM 1980 (26ª TURMA - PERÍODO INTEGRAL)

Abel Corino da Fonseca Neto
Antonio Luiz Colucci
Carlos Roberto Pinto
Celi Aparecida Moretti
Edson Augusto Pinto
Eduardo Cesar Werneck da Silva
Elisabeth Luiza Noto
Ernesto Shogo Kotanii
Gilson Alves Diniz
Irio Cavalieri
Isabel Rosângela dos Santos
Isabela Moreira Mazzeo
Lilian Tosetto
Lúcia Heidorn Reale
Luis Fernando Novo da Fonseca
Manoel de Brito Filho
Marcia Cecilia Garcia
Marco Antonio Meloncini
Marcos Patrício Netto Lahoz
Marcos Perine
Marcos Vinício Zumpano
Maria Ângela Lacerda Rangel
Maria Aparecida de Oliveira
Maria de Fátima da Silva Costa
Maria José Iadocico
Maria Lúcia Leme Ferraz
Maria Salete Spinelli
Marisa de Oliveira
Maristela Chaves
Maristher Fabretti
Mylene Maria Toledo Ribeiro
Rebeca Di Nicoló
Rosâna Caltabiano Tonisi
Rosana Tersetti
Rose Margareth Meyer
Selma Aparecida Ferreira da Silva
Severo José de Miranda Filho
Sílvia de Freitas
Sonia Cristina Ventramine Ivo
Veralucia Donizetti Pereira
Waléria Almeida de Lima

Ingressantes em 1981 (27ª turma - Período integral)

Antonio Braulino de Melo Filho
Aparecida Waquin Salomão
Armando Sérgio de Moura Barros Júnior
Berenice Nascimento Saraiva
Cácio Bighetti de Oliveira
Celestino José Prudente Nobrega
Célia Alves Delattre
Celso Paulo Calencautcy
Christianne Pinheiro Machado
Eduardo Zanzin Teruel
Hata Hammoud
Hélida Ayako Ogusuko
João Carlos Cambieri
Johnson Tsuyoshi Sagara
Liani Rodrigues Padovese
Liliam Waissmann
Lis Sandra Rodrigues de Oliveira
Luiz Antônio Pedroso
Magda Isabel Peixoto
Márcia Aparecida Fiorotto
Marcia Cristina Rosa
Maria Cristina Zaniboni
Maria José Mazarin
Martha Palmieri Mandia
Mauro Antonio Ma!zone
Mildred dos Santos Costa
Moacir Makoto Saito
Nam Suck Lee
Odilamar de Oliveira Rigitano
Paula Maria Taveira de Oliveira Ferreira
Paulo Leite de Camargo
Rita de Cassia Gonçalves de Almeida
Rubens Antonio Aranha Filho
Rui Kiyoshi Saiki
Sérgio Kotaru Takara
Silvana Lanzuolo
Silvia Rittner Tavares Guerreiro
Sueli Naomi Toma
Vitor Ribeiro
Walter Kiyoharu Oyadomari
Emigdio Irala Cañete (Estudante Convênio)

## Ingressantes em 1982 (28ª turma - Período integral)

Almir Akira Yassuhara
Ana Lucia Souza de Oliveira
Angelina Migliore Rodrigues
Aurora Asami Mukaida
Carla Castanho Roque
Carlos Alberto Muzilli
Carlos Alberto Nogueira
Cheng Suh Jen
Claudia Marta Drozd
Cristina Helena Palmieri
Cristina Tamanaka
Eliana Mizutani
Eliane Aparecida dos Santos
Elisa Narimatu
Elisa Sakae Nonaka
Fabio Osoegawa
Fabíola Ludovice Peake
Hedilso Cesar Rigo Gaddini
Henrique Monteiro
Jair Soares do Nascimento
João Yutaka Nakanishi
José Fernando Pontes
Julio Outi
Julio Tsuchiya
Lidia Atanaka
Lucilene Hernandes Ricardo
Lucimara Lucio
Maçáo Roberto Paulo Tamashiro
Marcia Hideko Tomita
Marcia Regina Galvão
Marcio Sammarco
Maria Flávia Dias Haro
Maria Zélia de Siqueira Salerno
Marina Kazuko Ansai
Mario Sergio Evaristo Ferreira
Misako Mukaida
Nariman Jamil Klaiet
Norma Noriko Kajihara
Regina Kazuyo Uchiyama
Renata Marzzano de Carvalho
Ricardo Sternlicht
Roberto Pereira da Silva
Roberto Tsuneo Kanno
Sara Soledad Hopka
Silvia Mara Campardo
Soraia Pereira Cobra
Wilson Kenji Hori
Zuleica Maria Krieger Costa
Silvio Darío Esquivel Areco (est. Convênio)

## Ingressantes em 1983 (29ª turma - Período integral)

Antonio Augusto Neves de Araujo Ribeiro
Antonio Fernando Cerqueira
Antonio Prosper Oreb
Artur Yanikian Junior
Ary Francisco Amaral Nunes
Ayr Labaki
Cacilda Maria Garbin
César de Assis Berbel da Silva
Claudia de Oliveira Brasil
Claudio de Freitas
Denise Pontes Licurci
Drausio Soares Filho
Eduardo Shigueyuki Uemura
Elizabeth Batista Branco
Fátima Jurciukonis
Fernando Vagner Raldi
Izilda Aparecida Madeira de Lima
João Carlos Rocha Benedetti
Jorge Shiguedomi
Jürgen Reller
Katia Regina Placiano
Lia Midori Toma
Luiz Carlos Pinotti Junior
Luís Herminio da Luz Freire
Mara Cristina Savoldi
Marcio Massayoshi Arekaki
Maria Cecilia Boselli
Maria Filomena Rocha Lima Huhtala
Marinês Martins
Marinilce Fagundes dos Santos
Mario Sergio Finoti
Marta Rodrigues Aliende
Mary Koba
Mirian Shimoda
Neide Tomoko Matsubayashi
Neíse Seki
Ossamu Ushiwata
Patrick Nussbaumer
Rosa Maria da Silva Lourenço
Rosa Maria Mendes de Oliveira
Rubens Minoru Hirano
Sandra Favale
Sandra Maria Campos de Oliveira
Sandro Tadashi Tomita
Sérgio Eduardo de Paiva Gonçalves
Sergio Kiyoshi Ogata
Sílvia Helena Rodrigues
Vera Lúcia Paes de Barros Castanho Sávio
Zilda Mitsue Miyamoto
José Ronaldo Ocáriz Bazzano (est. Convênio)

## Ingressantes em 1984 (30ª turma - Período integral)

Alexandre Leone Júnior
Ana Maria Portezani
Ana Silvano
André Camacho de Carvalho Junior
Antonio Carlos Cortez Mauro
Carlos Petrolino
Celso Fernando Palmieri Júnior
Celso Luiz da Silva
Cheng Hwang Huei
Claudia Yanagui
Edson Makoto Okada
Erí Sasaki
Fabio Wakabayashi
Gilmara Fernandes Cunha
Irene Aparecida Ramos
Jair Antonio Piovesana
João Carlos da Rocha
José Luiz Akyoshi Kida
José Mauro Faria Junior
Josias Paulino da Costa
Katia Natale
Libório José Faria Junior
Lin Hui Ching
Lucia Massako Takehara
Luiz Fernando Riul
Manoel Ricardo Jurema
Marcelo França Soares
Marco Antonio Carvalho de Lima
Margarete Carlos da Silva
Magda Helena Monico
Maria Regina Higa
Mario Augusto Gzvitauski
Maritza Cristianne Cabezas
Mercia Regina de Lima Dantas
Nelson Uehara
Omar Tsuyoshi Ito
Patricia Monteiro Ribeiro
Paulo Yoshiaki Kubota
Regina Mitiko Sakahara
Renata Cabral Borges de Oliveira
Roberto Wu Chen San
Rosana Aparecida Pino
Rosângela Monteiro Caltabiano
Sandra Tereza Gomes
Sergio Brito
Shirley Keiko Yano
Takahiro Taira
Thelma Vendites
Vitoria Rosa Cristina Lettieri
Viviane Dias Aguila

INGRESSANTES EM 1985 (31ª TURMA - PERÍODO INTEGRAL)

Adriana Crivello
Alberto Yoshio Watanabe
Alexandre Cardoso Catel
Carlos Eduardo Vassalo Cipolli
Celina Takami Yamamoto
Charles Jackie Pires
Cibele Yumi Ninomiya
Cláudio Henrique Rosa
Denise Saito
Dolores Cristina Campos
Elaine Fillietaz
Eliza Nobuko Nomura
Elza Tiemi Matino
Emilia Mariko Iwaya
Erika Almeida Komagata
Ethel Yahara
Eunice Eiko Enomoto
Fabio Ehidi Kako
Gerson Daniel Barrera
Ghassan Ayoub
Gisele Sandra da Costa
Ida Emilda Hillman
Janete Dias Almeida
Laerte Shigueo Oyadomari
Lafayette Nogueira Junior
Lee Ya Huo
Lia Raquel Miguel Villar de Almeida
Lilian Ley Takabatake
Lucy Eda
Marcelo Furia Cesar
Marcelo Ribeiro dos Santos
Márcia Armani Cirino
Márcia Rennó Teixeira
Márcio Tomomutu Matsumoto
Marcio Yoshio Nitta
Maria Angela Jorge de Freitas
Maria Julia Pereira Coelho
Maurício Atuí Cardoso
Mônica Fernandes Gomes
Naoko Nishiya
Neide Akemi Fukushima
Rosana Camillo
Rosana de Queiroz
Sarah Emleh Polo
Silvia Shizue Kooro
Sirlene Zequim
Sônia Regina Filomena de Farias
Suely Junko Katsuragawa
Valkiria Harue Yamaguti
Vicente José Muratori de Lima

INGRESSANTES EM 1986 (32ª TURMA - PERÍODO INTEGRAL)

Adélia Mieko Shimomi
Adorama Cristina Araujo de Oliveira
Ana Paula Martins Gomes
Cláudio Katsuhiro Samesima
Cristina Fini
Cristina Marianno Costa
Denise Monteiro da Costa
Dong Kyu Joo
Doris Yuko Nakata
Edenilson Rauclei Malmonge
Edson Yamagami
Eduardo Galera da Silva
Eliana Maria Gonçalves
Fabio Rocha Cardoso
Fernão César Ferreira Junior
Gilson Prado Rodrigues
Irineu Shimabukuro
José Benedito Oliveira Amorim
Josimara Corrêa Leite
Ko Chia Chi
Lisany Manfrim de Oliveira
Marcelo Strul
Márcia Regina Bueno Guidugli
Marcia Yumi Adachi
Marco Aurélio Campos de Assis
Marcos Koiti Itinoche
Mari Eli Leonelli
Mírian Cristina Eiko Yui
Mísia Radesca Álvares
Nélida Gusman Turri
Nilson Santos Beltrame
Paulo Moyu Yabiku
Pola Cará Chojnowski
Regiane Catarina Ribeiro
Regina Vila Franca de Oliveira
Renata de Lima Horta
Rita de Cassia Pereira da Silva
Roberto Mori
Rosana Satiko Higuti
Rosemeire Santos Nascimento
Samuel Tadeu Jorge
Sandra Hideko Murakami
Sergio Carlos Galvão Freire Moreira
Shirlei Wolf Gomes
Solange da Costa Hemeritas
Soraia Benavides
Sueli Yoshie Murakami
Susete Morimoto
Sylvia Maria Barbosa Lopes
Valeria Zerbini
Wagner Santana da Veiga
Yang Chio Hwa
Yuri Emery

## Ingressantes em 1987 (33ª turma - Período integral)

Alexandre Cerávolo Bóccoli
Ana Maria Pellicciari Galeotti
Ana Paula Garcia
Ana Regina Del Sarto
Andreia Nara Silva de Christo
Antônio Henrique Arsillo Gonçalves da Silva
Ariadini Negri
Augusto Nemoto Hirata
Carlos André Pereira Gomes
Celina Yumi Makimura
Claudia Aparecida Tamanaha
Cláudia Lúcia Fernandes Bertocchi
Cristina Miranda Baccili
Cristina Mishima
Cristina Talatinian
Cristina Toshie Norimatsu
Denise de Marchi
Dong Yun Shin
Edimilson Scorsatto
Edmeia Terumi Arie
Fábio Rocha Cardoso
Gervazio Sussumu Uchiyama
Gislaine dos Santos Vieira
Gustavo Magalhães Rennó
Ida Sekido
Jademir Paes Correto da Rocha
João Paulo de Toledo Cera
José Roberto Mendes Junior
Julia Sayuri Higuti
Katy Toshiko Nakaya
Leila Miki Chubatsu
Liria Akemi Ohashi
Mara Adriana Trindade
Marcelo Tatsumi Nishijima
Marcia Reiko Wakiyama
Marcos Takeshi Murakami
Maria Fernanda Patto dos Santos
Mauro Eduardo Domiciano dos Santos
Micaeo Shuhei Okamoto
Milca Soares Silva
Patrícia Shiguemi Hayashi
Rita de Cassia Braz
Roberta Anhesini Genta
Roberto Mauro Macêdo do Nascimento
Rosana de Menezes
Simone Helena Ferreira Gonçalves
Sonia Regina Ventura dos Campos
Stella Narita
Sueli Miura
Tarcísio José de Arruda Paes Junior
Yoneko Watanabe

## Ingressantes em 1990 (36ª turma - Período integral)

Adriana Venturini Marchesin
Ana Cristina de Oliveira Solis
Ana Lucia Marsilio
Antônio Carlos Ebram de Miranda
Carlos Henrique Ribeiro Camargo
Carol Norie Takara
Cássia Hiromi Kague
Celidalva Miyuki Yamamoto
Cesar Henrique Grillo
Christiane Ghetti Noronha
Cirene Ferreira Martins
Cláudia Honda Uenishi
Cláudia Maria Marcelina Rodrigues
Claudia Ota
Cristiane Domingues de Almeida
Cristiane Mayumi Takenaka
Cristiane Ueda
Cristiane Yumi Koga
Denise Takehana dos Santos
Donna Ku Chen
Eduardo Eugênio Santos Almeida
Elizabeth Cerávolo Bóccoli
Érica Akemi Takahashi
Fábio da Silva Matuda
Fernando Minami
Francisco Toshio Camarota Kobayashi
Gabriela Gonsales Fernandes
Guilherme Dias Patto
Haglay Palandi de Oliveira
Indira Muliterno Rojo de Almeida
Jorge Naruo
José Eduardo Pelizon Pelino
Kátia Roveran Genga
Kellen Mariko Takeda
Leni Aparecida Braga
Ligia Maria Gallello
Luciana Christofolini Picon
Luciana Nogueira
Luciana Vasconcelos Esmeraldo
Lucimeire Otani
Marcus Vinícius de Carvalho Bichara
Maria Cláudia Garcia da Silveira
Mauren Wendy Anselmi de Oliveira
Plauto Gaspar de Souza Junior
Plínio Marcos Modaffore
Ricardo Vilas Bôas Fernandes
Rosana Lopes Gil
Sheila Sayumi Miyazaki
Silvana Cherin
Thaís Hamui da Cunha Prata

Ingressantes em 1991 (37ª turma - Período integral)

Adriana Assunção de Carvalho
Adriana Yamaguti
Alexandra Francisca Areco Bian
Ana Claudia Simões Borges
Ana Cristina Coelho Dal Rio
Ana Cristina Tamanaha
Ana Marcia Rezende Evaristo
Andréa de Carvalho Azem
Antonieta Cristina Ferreira Delgado
Aparecida Sinzato
Araci de Lisandra Lemos
Carla Daruiz
Carla de Osti Camparato
Carmen Isabel Martinez Germano
Clara de Morais Pereira
Claudia Emiko Kashihabara
Claudia Tieko Matsunaga
Claudio Hideo Nagasso
Cristiane Rufino da Silva
Denise Kanashiro Oyafuso
Elaine de Oliveira
Elizabete Naoko Fujihara
Fernanda Gregorio Rodrigues
Fernanda Winiawer
Flávio Renato Friggi
Henri Frederico Kazu Yui
Jacqueline Gonçalves Leão
Janaina da Cunha Pimenta
José Adriano Arantes Leite
José Brás dos Santos Junior
Karin Froner
Karla Barreto Jardim
Leticia Vargas Freire Martins
Luciana Mayumi Hashizume
Luis Lopez Martinez
Marcia Yumi Konno
Marcio Romero Atisano
Maria José Domingues de Castro Lin
Mônica Tadako Sasaki
Nádia Cristina Barreira Sales
Raquel Nogueira Campos de Andrade e Silva
Rafael de Almeida Simão
Renata Simões Aguiar Quina
Renato Ruy Mendes de Araujo
Rogério Mendes da Silva
Sandra Soares Kühne
Saviano Mauricio de Oliveira
Suzete Cristina Yazaki
Taize Picolo Severino
Tarcila Triviño
Valeria Vieira da Silva

Ingressantes em 1992 (38ª turma - Período integral)

Alessandra Buhler Amendola
Alexandre Luiz Souto Borges
Alessandra Mancini
Aline dos Santos Pereira
Ana Cristina Meza
Ana Paula Melchior
Ana Regina Rezende Evaristo
Andrea Maiumi Yasuda
Andrea Mora De Marco
Ariane Bakowski
Carla Andrea Lino
Carla Cristina Cesar de Andrade
Carlos Rocha Gomes Torres
Cátia Lucy Raymundo Nunes Zinneck
Celeste Fatima Orfão Pinto
Claudia Yamaguchi
Claudio Hideki Kubo
Daniela Gomes Miyazato
Debora Maria Mendonça
Elaine Aparecida Felix de Araujo
Elcilene Maria Roefero
Eleonora Lopes da Costa
Elizabete Naoko Fujihara
Emilio Yoshio Sakaguti
Erica do Nascimento Aguiar
Erika Galleto Cusma
Fabio Hayashida
Flavia Cristante Sant'Ana
Fulvia Capecce Urbani Ribas
Genivaldo Almeida Cavalcante
Glaucia Marize do Carmo Gomide
Jairo Hernandes da Cunha Bueno
José Camilo Gonçalves Furlani
Karen Solange Castillo Marin
Katia Keico Chinen
Lucia Helena Mendes Paulos
Lucia Silva Rola
Marcelo Matsuda Fujii
Márcia Miyuki Kadota
Marcio Susumu Murakami
Marcos Hitoshi Soga
Marilis Bason Cury
Mario Teruo Minami
Patricia Ramos Lloret
Rosangela Kraft
Reinaldo Nobuo Mizusaki
Ricardo Yutaka Ota
Sandra Mara Borges
Scherezad Haddad
Sergio Minami
Sigmar Horst Cardoso Junior
Silvia Gloeden de Oliveira
Taciana Marco Ferraz
Vanessa Villa
Wagner Ferreira do Nascimento
Werner Tode
Yu Jin Cho

Ingressantes em 1993 (39ª turma - Período integral)

Adriana Cristina de Mello
Alessandra da Fonseca Simões Ribeiro
Alessandra Itami
Alex Coimbra
Alexandre Luís Bergamo
Ana Cristina Siqueira Kokanj
Ana Maria de Oliveira
Ana Paula Mollica Ruzza
Angélica Bedante
Apolo Chen
Charise Buchdid
Cintia Cardoso Feltrim
Daniela Cia
Daniela Ramos da Trindade
Daniela Yuri Shiba
Davilson Bragine Ferreira Junior
Driany Tamami Yamashita
Eduardo Rennó Teixeira
Elisa Mitsue Mendes Yamaguchi
Elizier de Moraes
Erica Cristina Morais Martinez
Erika Myasawa
Fernanda Trautmann
Jeanine Noriko Eto
Joice Lugli Garotti
José de Anchieta de Castro e Horta Junior
José Lino Alves Junior
Joyce Heloisa Sarmento Varella
Juliana Nobre Gimenez
Julio Tadashi Murakami
Kelly Christian Fernandes Paulista
Leonardo Marchini
Leonardo Takashi Masuda
Liana Kalczuk
Lidia Harumi Endo
Lilian Alves Gonçalves
Luciane de Castro Signal
Marcia Aparecida Jankunas de Oliveira
Margarida Maria Guilhermino
Maura Akemi Nakamura
Osvaldo Daniel Andreatta Filho
Patricia Itocazo Rocha
Paulo Ricardo Cibien Esquiller
Raquel Guedes Fernandes
Renata Marques da Luz
Renata Marsiglio de Oliveira
Ricardo Bertini Filho
Ricardo Brayner
Ricardo Hiroyuki Suzuki
Shu Pen Hong
Telma Ribeiro de Oliveira

## Ingressantes em 1994 (40ª turma - Período integral)

Adriana Mathias Pereira da Silva
Adriana Rosa Linhares Carro
Alexandre Luiz Mattos Coelho
Ana Lia Anbinder
Ana Patricia Kajiura
Antonio Carlos Victor Canettieri
Carlos Eduardo Dias Colombo
Carmen Lucia Oliva Gonçalves
Carolina Judica Ramos
Cristiane Ortegosa da Cunha
Cristiani de Siqueira Barbosa
Daniel Gualda Teixeira
Daniela Gonçalves Brito
Debora Pastina
Eliane Rye Otani
Érica Regina Condino Fujarra
Evelise Cachute Paradella
Fabiana Lica Imai
Flavia Cristina Done
Gabriela Keiko Kawamura
Giovani de Oliveira Corrêa
Guilherme Ungari Monteiro de Barros
Janaina de Val Barreto
Janayna de Oliveira Marson
Juliana de Moraes Rêgo
Karina Maschietto de Lima Assis
Kátia Martins Rode
Leandro Augusto Carballo Elias
Lisângela Nakao Iha
Lucas Camacho
Luci Iumico Murata
Luciana de Faria Moura
Luciana Ioshimoto
Luciana Keiko Shintome
Marcelo Camacho
Márcia Fernandes Barbosa
Marcia Imezaki
Marcia Sumie Toguchi
Marcos Paulo Nagayassu
Maria Cristina Ribeiro Martins da Graça
Natalia Maria Benda
Pablo de Oliveira Bautista
Patrícia Fernandes Bonvechio
Priscila Pitta Penna
Raquel Lucy Nita
Ricardo Pellegrino Junqueira Soares
Rodrigo Augusto Cesar de Marco
Rodrigo Guedes de Toledo
Samira Aparecida Badreddine
Sheila Regina Maia Braga
Tânia Miyoko Nakao
Tania Satie Watanabe
Tayguara Tenorio Cavalcante
Thomas Akira Fushida
Tieny Nicoletti Nunes
Vanessa Araujo Vieira
Veronica de Oliveira Pinto

## Ingressantes em 1995 (41ª turma - Período integral)

Adriana Baek
Adriana de Souza
Adriana do Socorro Ferreira Monteiro
Adriana Medon Santos
Adriano Marcus Urizzi Teixeira
Alessandra Bezerra de Brito
Alessandra Mari Sasaki
Alexandre Fuzimoto
Ana Paula Brandão
Anderson Aparecido Moura
Anderson Saraiva
André Luiz Cervantes Jorge
Arnaldo Massumi Takahashi
Bruno das Neves Cavalcanti
Cândice Fonseca Braga
Cristiane Saori Taira
Cristina Sato
Daniela Pereira de Jesus
Denise Kazue Sugano
Domingos Chorfi Junior
Edmar Rachnik Renno
Edson Hilgert
Eduardo Minoru Nakazaki
Ellen Erie Cato
Erika Cristiane Rodrigues de Barros
Fabio Nishimura
Geovana Colla
Gisele de Carvalho Versannio
Isa Marta Machado Franco
Jen Kai Yu
José Trancoso Tannous
Juliana Gonçalves Campos
Kenzo Eduardo Santos Kojio
Lilia Nogueira de Aquino
Lilian Yoshiko Hakumata
Luciane Dias de Oliveira
Luís Guilherme Scavone de Macedo
Maria Angélica de Sá Assis
Marília Rodrigues Teixeira
Massao Alberto Imai
Milton Meszberg
Milyam Massae Suzuki
Mônica Keiko Magami Yamada
Naiara Tiradentes
Priscila Gomes do Sacramento
Renato Ribeiro Escobar
Ricardo Antar Filho
Rita Gonçalves Melo
Rodrigo Albuquerque Basilio dos Santos
Rogerio Muniz de Andrade
Sandra Cristina Borges
Sílvia Helena André Lisbôa
Simone Sayuri Oi
Soraya Akemi Sampaio Sanoda
Suzana Martins Ouchi
Viviane Regina Côas

INGRESSANTES EM 1996 (42ª TURMA - PERÍODO INTEGRAL)

Adriana do Amaral Torreão Villarim
Adriano Mengon
Alberto Noriyuki Kojima
Alessandra Cambaúva do Nascimento
Alex Sander Ramos
Ana Carolina dos Santos Geraldo
Ana Paula Guedes de Oliveira
Andrea de Andrade
Beatriz Pregnolatto Antolini
Caio Gorgulho Zanet
Carolina Pancini Napoleone
Cleber Frigi Bissoli
Cleston Tadashi Aki
Daniela Berni
Daniela Teodoro Pantoja
Denise Nahas Martin
Ednara Baumgartner
Eduardo Kazuo Kohara
Eduardo Silvio Lee
Elaine Cristina Arruda Alves Silva
Elisangela Rita de Souza
Estela Satie Takata
Ethel Marins dos Santos
Fabia Barbas da Silva
Fabiana de Oliveira Machado
Fabiana Valle Peluzzo
Fábio Soares Silva
Fernando Augusto Cintra Magalhães
Gisela Nogueira Magri
Helena Alves da Cunha
Karina Reschini Abud
Karla Chaves Rodrigues
Leily Macedo Firoozmand
Lidiane Consolação Agapito
Luciana Naomi Tamashiro
Luciano Fernandes Baruel
Luciene Giribelo Pinhal
Lyna Harue Imoto Nakaya
Marcia Maciel Menezes
Marcia Okamoto Patriota
Mariana Pimentel Guimarães
Marilia Corrêa Zollner
Michel Gonzales Borges
Priscila Kunioshi Araujo Reis
Rita de Cássia Guilherme
Rubens Nisie Tango
Sandra Cristina de Souza
Sandra de Castro Ferreira Ferraz da Silva
Sandro de Morais Peroni
Teonila Aparecida da Silva
Vanessa Leite Almeida
Vanessa Provazi
Vivian Maria Salcedo de Souza

## Ingressantes em 1997 (43ª turma - Período integral)

Adriana de Campos Reis
Adriana Mathias Gemignani
Adriana Teixeira dos Santos
Aline Monte de Mesquita
Ana Carolina Silveira Cardoso de Menezes
Ana Maria Albernaz Camargo
André Luiz Beraldo
Andressa Pereira da Silva
Cláudia da Cunha Lopes
Claudia Schiffer
Cristiane Custodia Martins Rodrigues
Cristiano Daissuke Higo
Daniel Andere de Mello
Daniela Alves Viviani
Darlice da Mota Soares
Dennis Eduardo Zanini Canovas
Fabiano de Araujo
Fabio Roberto Amar
Fernanda Bruno Pomponio
Fernanda Sayuri Kioshima
Flavia Cristo Rauscher
Giuliana Ferrarezi de Freitas
Grace Thais Bastianelli
Gustavo Delchiaro Filizzola
Heleia Barbosa Nestal
Helena Ferri de Barros
Hugo Caridá Casadei
Ivan Munhoz Pasin
Johnson Salomão Ohen
Juliana Darc Shikata
Juliana Marcondes Reis
Karina Tiemi Tanaka
Lecy Schwantes Iorio
Luciana de Azevedo Martins
Marcela Barbieri
Marcio Jun Nagamatsu
Márcio Tsuyoshi Takehara
Maria Valéria Costa de Campos
Marilaine Floriano Corrêa
Moisés Galli
Paula Yuri Uemura
Renata Matareli Rigon
Renata Naomi Tsutsui
Ricardo Soares da Silva
Roberta Hiromi Mihara
Sammy Seiti Yoshizawa
Sandra Saiuri Akamine
Silvia Cadecaro
Silvia Regina Borges
Simone Almeida Chamusca
Solange Sayuri Fukuya
Tatiana Tamie Takeda
Tatiane Alves Sampaio
Vanessa Werbicky Santos
Veronica Ishikawa dos Santos
Verônica Neto Cabral
Viviane Ferreira Ferling

## Ingressantes em 1998 (44ª turma - Período integral)

Alessandra Sverberi Carvalho
Ana Carolina Lemes
Ana Carolina Roque Mascarenhas Cruz
Ana Claudia Darre Peres
Ana Lucia Serikaku
André Andrade de Aguiar
André Gustavo Ito
Andréa Cristina Claro
Angela Regina Kimie Marimoto
Carla Sayuri Shibata
Carolina Ferraz Ribeiro
Charles Ribeiro de Carvalho
Christiano de Souza Gonçalves Netto
Claudia Scare Monteiro Gomes
Cristiane Akemi Sakamoto
Daniel Maranha da Rocha
Daniela Barone De La Cruz
Debora Iwashita
Deise Daniela Nakamura
Eduardo Ramalho Pereira Gama
Emmy Wakamatsu
Fábio José Condino Fujarra
Fernando Augusto Perrella
Flávia Yumi Takeuchi
Gabriela Rodriguez de Almeida
Gisleine Cristina Fontes
Hamilton Hachiro Tiba Junior
Janaina Fornari Destro
Juliana Bezerra Franco
Junia Cinira Morais de Oliveira
Kadija Dancuart Omar
Karine Tenório Landim
Katharina Cardoso Peixoto
Katia Terumi Miura
Kelen Takahagi
Lia Alves da Cunha
Liana Vaz Caltabiano
Luiz Carlos Ribeiro Esteves
Marcelo de Castro Campos
Marcelo Jun Yamamoto
Margareth Rodrigues de Moraes
Maria Rosa Viana Cabral
Melani Facchin Guedes
Nancy Tamie Maehara
Patrícia Erica dos Santos Lopes
Patricia Medeiros Berto
Patrícia Regina de Oliveira
Patrícia Takahama
Paula Carolina de Paiva Komori
Paula Elaine Cardoso
Raphael Ghetti Bauermann Oliveira
Roberto Shiota
Rodrigo da Rosa Filho
Rodrigo Dias Nascimento
Silvia Cristina Suda
Talita Massayo Inoue
Tatiana Morais da Silva
Tatiana Varas Siqueira
Thaiza Sant'Anna
Valquiria Cristina Tinello
Verena Benzo Araujo Azevedo
Viviane de Souza Cigagna
Viviane Rehder Rossetti
Yadira Rachel Passos

Ingressantes em 1999 (45ª turma - Período integral)

Alessandra Sayuri Saito
Alessandra Yamaguti
Alessandro Caldas Travassos
Aline Gouvêa de Lima
Ana Carolina Lemos Andrade
Ana Carolina Rodrigues
Ana Claudia Pinto
André Gilberto Leonel
Andrea Regina Gabriel
Andreia de Simone Melo
Anna Paula Nasraui
Antonio Marcos Saraiva
Carolina do Amaral Gonçales
Celso Brasil Horta Júnior
Cristiana de Paula Pedro
Cristiane Gibim Brito
Cristiane Vieira dos Santos
Daniel Hideki Ota Takahashi
Daniela Campos Granato
Danielle Cristina Uemura
Débora Kashiara
Everton Ferreira Ribeiro
Fabiana Lago Ribeiro
Fábio Alves Corniati
Fernanda Paiva de Oliveira
Fernanda Pelógia Camargo
Fernando Augusto Cervantes Garcia de Sousa
Flávia Pires Rodrigues
Giovana Ribeiro de Martins
Graziela Ávila Prado Galhano
Helena Meira Alves
João Maurício Ferraz da Silva
Juliana Gonçalves
Katya Rodrigues Kohlemann
Léia Quintanilha Pinto
Lidiane Prado de Faria Lopes
Luciana de Oliveira Siqueira
Luciano Faraco Rodrigues
Manuela Bafini Fonseca
Mara Lucia Confortini Menezes
Maralize Ribeiro Nunes
Marcela Alves dos Santos
Maria Júlia Sala Antunes
Mary Daniela Yano
Patrícia Elisa de Oliveira Branco
Patrícia Vieira Peres
Rafael Rico Rosa
Renata Marques de Melo
Ryssie Gladssy Ferrer Carneiro
Sabrina Tomizawa
Samira Esteves Afonso
Silmara Marques Duran
Silvia Masae de Araujo Michida
Silvia Regina Yoshiga
Simone Peixe
Tânia Tamashiro
Tatiane Pires Ricatto
Thais Cristiane Wahasugui
Vitor Hugo de Almeida Mollica
Vivian Carla Oyadomari Magario

Ingressantes em 1999 (1ª turma - Período noturno)

Alexandre Fukuzo Koga
Andréa Yarmila Gimenez Sepúlveda
Audrey Pacheco Brandão de Souza
Bruno Alkmin Bossolani
Caio Augusto Tsuda
Carolina Ricomini Piai
Cyntia Tonie Gondo
Daniel Valente de Oliveira Santos
Emersom Silva Fernandes
Érica Ishida
Felipe Leça Bácaro
Glaucia Regina Minei
Jacqueline Ramalho da Silva
Josiane Buzatto Rodrigues
Karen Cristina da Silva
Keila Vieira Mozeli
Luciana Mitsusawa
Ludimila Candido Garofolo
Márcia Vila Nova Aguiar
Marcio Ishimoto
Marcus Vinicius Satoru Kasaya
Marta Verônica Mariúba de Oliveira
Michelle Silva Bastos
Paula Pinheiro de Abreu
Richard Morita Oliveira
Rodrigo Nery Furlani
Romildo Antonio dos Santos Filho
Sandra Nascimento
Sheila Cadidé dos Santos
Willian Setubal dos Santos

## Ingressantes em 2000 (46ª turma - Período integral)

Alethea Matos Hayashida
Aline Bastos de Barros
Aline Rejane Léda Freire
Ana Paula Estigarríbia Tenguan
Andreia Alves Leite de Oliveira Morais
Andreia Feijó Rosseto
Andressa Sin Singer Magaldi
Angela Cecilia Plens de Moura
Aron Roque dos Santos
Carolina Kellin Lorenzini
Celina Faig Lima
Clarissa Minako Matsushita
Cristiane da Silva Martins
Daniel Cardeal Ramos
Daniele Lupi Sapucaia
Diego da Silveira
Erika Toseto Binde
Fabiola Akemi Inefuku
Fernanda Brandão Mollica
Fernanda Cristina Bittencourt de Oliveira
Flavia da Costa Leite
Guilherme de Siqueira Ferreira Anzaloni Saavedra
Helena Torbitoni Pazianoto
Juliana da Silva Turquetti
Juliana Datti Roque
Jussara Duarte Brancaccio
Karina Maria Morales
Letícia Simino Carvalho
Lidiane Silveira Vazquez
Luciana Ferreira Garcia
Luciana Satie Hoçoya
Luciana Sayuri Miyazima
Luciane Helena Guermandi
Marcella Batista Pavanello
Márcia Tsunemi
Marcio Martins Vicente
Marcos Uyeda Aivazoglou
Mariana Milan Fabrini
Mariana Pretti
Paula Camila Gil Marques Flôr
Priscila Ferreira Freitas
Priscilla Garcia
Rafael Zacatei Aveiro
Raphaela Simões Lia
Silvia Cristina Xavier Ferreira
Tamiye Simone Goia
Tatiana Sayuri de Oliveira Omae
Thais do Prado Barbosa
Vanessa Cavalcante Tutia
Vanessa Teixeira Leite da Silva

INGRESSANTES EM 2000 (2ª TURMA - PERÍODO NOTURNO)

Alexandre Pino Lopes
Ana Paula dos Santos
Ana Paula Pereira Masa
Angelo Hilarion Machado Vieira Jovino Marques
Antonelia Teixeira Guedes
Antonio Augusto Antunes Galvão
Aurélio Eiti Sudo
Christian Eloi Carvalho González
Denise Rédua de Oliveira
Diana Elena Demetrescu
Edson Yukio Komiyama
Flavia Roberta Pereira
Giovana Ventureli Cosentino
Ilana Souza Serafim dos Santos
José Eduardo Hasman
Katia Angelina Bertti
Kecimiylla Sayuri Koga
Luciana Maria Fortes Gama
Luciana Maria Ribeiro
Marco Aurélio Martins Gabriel
Michele Brasil Nobre Chaves
Michelli Aparecida dos Santos Guardiano
Patrícia Leme Siqueira
Roberta Cristina Gonçalves
Simone Massucato de Almeida
Suzana Maria Velloso Dutra
Tatiana de Souza
Thiago Clucinicoff
Valquíria Alzira Bertossi
Virgílio Vilas Bôas Fernandes Junior

INGRESSANTES EM 2001 (47ª TURMA - PERÍODO INTEGRAL)

Aline Abreu Scolfaro Crema
Amanda Peres da Silva
Ana Luiza Gomes de Figueiredo
Ana Paula Pallos Barbosa
Ana Paula Polito Ferreira
Bárbara Maegi
Beatriz Vacari Zerbinatti
Bianca Egidia Montes Perez
Bruno Martin Mollica
Camila Satie Ferreira Ueno
Carola Gomez Agreda
Chen Kai I
Claudia Rumi Bo
Cristiana Martins Rodrigues
Cristiane Mayumi Hashimoto
Cristina Mydoli Akama
Daniela Satie Yokogawa
Daniella Burlim Paulino Oliveira
Danúbia Benitez Lopes da Silva
Éfani Caroline de Freitas Banzi
Eloiza Helena da Silva Brandão
Eron Toshio Colauto Yamamoto
Fernanda Carmes Vallejo
Gabriela de Morais Gouvêa Lima
Giovana Vigário Negrato
Glauber Marsi
Greice Gomes Zanotti
Jaqueline Pereira Gonçalves
Jéssica Roma Correia dos Santos
Kellyn Roberta Ayumi Yoshida
Letícia Maria Rodrigues Hoffmann
Liege Maria Pereira da Silva
Maria Fernanda de Souza Setúbal Destro
Maria Fernanda Lima Villaça
Mariana Siviero
Maysa Tfouni
Milena Nunes Cerqueira
Ornella Florio
Otávio Shoiti Umetsubo
Pao Shih Lee
Paula Morelli Antunes
Polyana Tiemi Takanashi
Raphael Silva e Lima
Renato Peixinho Sanchez
Rodrigo Vieira Peres
Ronise Alessandra Borges Costa
Sabrina de Souza Teixeira
Tathiana Marinho Teixeira
Victor Gomez Agreda
Vivian Sanches Pereira

## Ingressantes em 2001 (3ª turma - Período noturno)

Aline Scalone Brentel
Amanda Ferreira Coelho
Ana Paula de Lima
Ana Paula Gumiero Jaime
Andréa Cristina Castanho
Bruno Faria Carneiro
Caio de Franco Macedo
Cláudio Issamu Hagui Shitomi
Daniele de Freitas Viana
Diego Angelo Barreto Silva de Andrade
Edson Hidenobu Goto
Fernanda de Almeida Prado
Fernando Ribo Pereira
Gustavo Henrique Marques Corrêa
Jean Marcos Soares Marcolino
Lilian Guimarães Alarça
Loureine Lacerda Jorjão
Luciana Kaneski de Moraes
Luciano Albino de Souza
Marcela de Almeida Prado
Michele Ferreira de Souza
Priscila Ferreira Amschlinger
Regina Amaral dos Santos
Renata de Souza Limeira
Rhallysson Gladstone Ferrer Carneiro
Roberto Comodo
Samantha Pinheiro Ledio
Vanessa Marassi
Wagner Luís Pereira
William Nunes da Silva

## Ingressantes em 2002 (48ª turma - Período integral)

Aleteia Massula de Melo Fernandes
Ana Carolina dos Santos Ribeiro
Ana Carolina Santos Araujo
Ana Cristina Mengue
Andressa Vieira Alves dos Santos
Anna Carolina Aguiar Cassanho
Carlos Eduardo Fernandes Fernandes
Carolina Alvarenga Bernardes
Claudia Roberta Santos Azuma
Daniel Cesar Zeitune Zerbinatti
Daniel Gomes Duarte
Daniel Ramon Custódio de Toledo
Daniela Coelho Rangel
Daniela Justo Kamoi
Danielle Cristina de Lima
Eduardo Nunes Pugliesi
Elizabeth Quito Soares
Emanuele Gonçalves Brito
Fabiana Silveira Fernandes
Fernanda Carolina Figueiredo Costa
Fernanda de Oliveira e Silva
Gabriel Portela Paulo
Giovani Quirino Handa
Giselle Marques de Campos
Gislaine Cristina Nakata
Gleice Ane da Silva Costa
Graziella Gisele Costa Danilo
Henrique Bertti Tamanaha
Inês Sawako Nakata
Juliana de Souza Paiva
Leticia Sanae Nagae
Luciana Pereira de Farias
Marcos Akio Ono
Maria Fernanda Silva Andrade
Marianna Cavalheiro Gonçalves
Melany Rascovsky
Melini Salgado de Almeida
Milena Leme de Moura
Mônica Holsback Ramos
Patrícia Maria Rangel
Rafael Neves Miranda
Regiane de Mendonça Carvalheiro
Renata Gussen dos Santos Rosa
Rita de Cássia Araujo Rocha
Shirley Graziella Agapito
Tales Aguiar Dal Santo
Thassia Castro de Vasconcellos
Túlio Ribeiro Martins
Viviana Lanel
Wivian Eiras Garcia Wong Alves

## Ingressantes em 2002 (4ª turma - Período noturno)

Aline Maria Teixeira da Silva
Ana Carolina de Oliveira
Ana Paula de Almeida Lourenço
Angélica Duarte Coelho
Augusto Cesar de Andrade Meyer
Bruno Mello de Matos
Carolina Vasconcelos Costa Palazzo
Daniele Souza Rocha
Debora Maria Gonçalves Gama
Debora Sayuri Suzuki Kira
Diana do Espírito Santo Nogueira
Fernando de Oliveira
Haila Rodrigues Alves
Heloisa Helena Gimenes
Janaina Ribeiro Dias
Joyce da Silva Martins
Juliana Lemes de Andrade Siqueira
Luciana de Oliveira Saraiva Fonseca
Luciana Gonzaga Perotti
Luciano de Nardi Costa
Monaliza Fernandes Pinazo
Nelson Moreira Dias Filho
Patricia Rondon Pleffken
Renata dos Santos Braga
Renata Prusaczuk
Roberta Obregon de Melo
Sabrina Pinotti Ferreira Leite
Veronica Quispe Yujra
Thaiz Helena Mascia
Tábata de Mello Tera

## Ingressantes em 2003 (49ª turma - Período integral)

Adele Cristina da Silva Costa
Adriana Rocha de Caris
Ailla Carla Rocha Acosta Lancellotti
Alexandra Lourenção Yamamura
Alline Curiati Golmia
Ana Carolina Pádua Nunes
Ana Carolina Rodrigues Danzi Salvia
Carolina Aiko Yamashita
Carolina Clemencio Santana
Cinara Milesi
Danielle Andrade Pereira
Dunia Alcira Cecilia Goitia Salazar
Erica Vedovatto
Érika Tristão Barbosa
Esther Borges Martins
Fernanda Arruda Galvão
Fernanda dos Santos Matilde
Flávia Amatto Gugliotti
Flavia Lessa Amaral
Guilherme Andraus da Silva
Heleno Rosa de Almeida
Ingrid Rodrigues dos Santos
Juliana Niiyama Ujissato
Karen Christina Zaia de Oliveira
Karla Vianna Cassiano
Katy Costa Godinho da Silva
Leluana Maria Magalhães
Letícia Carvalho Coutinho Costa
Lidiane da Silva Gomes Oliveira
Makelem Aparecida dos Santos Pinto Moreira
Manuella Simões Lia
Marcela Bernardi Mesquita Pinto
Mariana Garcia Bedin
Marta Graziela Silva Costa
Maurício Luíz Motta
Milena do Espirito Santo Ramos
Nataly Rabelo Mina Zambrana
Pâmela Kimura Fernandes Pereira
Priscilla Cristoforides Pereira
Paula Carvalhaes Falcão
Priscila Rodrigues da Silva
Rachel Vieira Toyama
Renato Rodrigues Cabrini
Roberta Cristina Pimentel
Rodrigo Keiji Okamoto
Sofia Lopes Cabaleiro
Thiago Toyoshima
Vanessa Cruz Macêdo
Vivian Neves Valva
Yêska de Moura Braga

## Ingressantes em 2003 (5ª turma - Período noturno)

Adriana Chung
Ana Maria dos Santos Latgé
André Luiz Rocha
Aretha Graziela Vilela de Sousa
Carla Liane Marsi
Claudinei Vasques Lopes
Cristiane Fernandes do Nascimento
Elaine Cristina Matos Pacheco
Erika Torres de Castro Santos
Fabíola Gonçalves Diniz
Fernanda Helena Cardoso
Flávia Ramos de Almeida
Gerusa de Oliveira Moura Cardoso
Heliciane Sharlene de Paula
José Flávio Silva de Carvalho
Levy Anderson César Alves
Luciano Inacio Reis
Luís Thiago da Silva Palma
Lylian Pryncia Alves de Souza
Marcelo Corrêa Machado
Maria Beatriz Beber Kamozaki
Marilia Gabriela Fernandes de Carvalho
Marlon Roberto Galli Spinelli
Michele Rodrigues Alexandre
Monique Martins Maia
Rafaela Gonçalves Delavechia
Rodrigo Danelli Ferreira
Rosinei Maria Bremenkamp
Taís Moreira Leite
Tiago Watanabe Rodrigues

INGRESSANTES EM 2004 (50ª TURMA - PERÍODO INTEGRAL)

Adriano Barbieri
Alessandra dos Santos
Alexandre Palma Gonçalves
Aline Cássia Inocêncio
Aline Oliveira Osses
Ana Claudia Carvalho Xavier
Andréa Businari de Campos
Andreia Cristina da Silva
Camila Lurie Takahashi
Carlos Alberto Agra
Carlos Dante Scromov Espada
Clarice da Silva Prado
Cristiano Fukugawa Campos
Daniely Myashita de Oliveira
Débora Amadio de Lima
Denise de Melo Cajeron
Diana Tenório de Souza
Diogo Toledo Matias
Fernanda Guedes Bomfim
Fernando Henrique Dantas da Silva
Gabriela Cardoso Bevilacqua
Gleyce Oliveira Silva
João Paulo Henriques Vince
Joice Carla da Silva Castro
Juliana Barbosa Marques
Juliana Brusadim Queiroz
Juliana Luiza da Mata Ferreira Ferretti
Juliano César Monteiro
Júlio Leite de Souza
Lidiana Ubinã Oliveira
Lígia Tiaki Yamamoto
Luciane Navarro de Souza
Marcela de Medeiros
Mariana Diehl Figueiredo
Mateus Bertolini Fernandes dos Santos
Michelle Cardoso
Nayara Maria Mayella Querido Meireles
Paula Juliana Tavernaro Ruza
Rafael Augusto Burim
Roberta Uesugi Suguimoto
Robson Alves de Oliveira
Rodrigo Bochi Motta
Rodrigo Seiji Miyada
Sabrina Alves Feitosa
Simone Sayuri Minamoto
Tamara Nishijima Pupo Massagardi
Tatiana Rocha de Oliveira
Thais Corrêa D'avila
Thaís Harumi Kida Yoshita
Vivian Afarelli Monteiro de Barros

## INGRESSANTES EM 2004 (6ª TURMA - PERÍODO NOTURNO)

Alan Sassaki
Alessandra Manchini Cardoso
Alexander Cassandri Nishida
Alexandre Souza Chaves
André Luiz Bernardo de Oliveira
Camila Cristina Souza Araujo
Carolina Leal Martins
Clayton Sousa Rêgo
Daniel de Oliveira Leite
Daniel Freire Gallafassi
Eddy Liem
Erika Cristina Sbrisse Pereira
Érika Shygei
Fernanda Nascimento Oliveira
Frederico Arlindo Gonçalves da Silva
Ingrid Trosdoff Akiyama Camargo
Jucely Aparecida da Rosa
Julio César de Menezes
Luana Cardoso Almeida
Lucileni Braga
Micheline Bica Guterres
Paula Cristina Seri
Rafael Lopes Aleixo
Raquel Pereira dos Santos
Renan Junio Azevedo
Renata Cavalcante Ruiz
Renato do Nascimento Santos
Thiago Tao An Chou
Tiago Marcelino Ferreira
Viviane Estefania de Assis

## Ingressantes em 2005 (51ª turma - Período integral)

Aline Gouveia Barbosa
Amanda Costa Corocher
Ana Carolina Guimarães Oliveira
Analice dos Santos Pereira
Anelyse Arata
Anamaria Preto de Magalhães
Bruna Luiza Roim Varotto
Cinthya Lobo Pradella
Cirlene Cristina Renó Goulart
Claudia Villela Bin
Danilo Lobo Mussalem
Denis Noboru Kuroiwa
Eduardo Fernando de Farias Rocha
Emanuel Mota Pires
Erika Maria Galhasso
Fabricio Teles Gallo
Fernanda Bueno Hidalgo
Gabriela Messias de Morais
Iara Rebelato Gêa
Isabela Ferreira Paulino
Isabela Silva Gomes
Juliana Dimitrov Muniz Pimenta
Juliane Scrufo
Juliano Gaspari Marinelli
Larissa Maria Ferreira de Souza
Letícia Yumi Samezima
Lilian Costa Anami
Lilian Taeko Takara
Lucileia Cardoso Silva
Marcelo Augusto Ruiz da Cunha Melo
Michelle Fernandes Fonseca
Nadia de Souza Ferreira
Natália Gonçalves Gesualdi
Natália Passos Ferreira
Natalia Regina Barbosa
Nídia Cristina Castro dos Santos
Patrícia Campos Ferreira da Rosa
Raphael Bellio de Franceschi
Raquel Matsue Goto
Renato Nogueira Terra
Rodrigo Cembranelli de Souza
Rodrigo Keiji Okamoto
Sâmia Carolina Mota Cavalcanti
Talyta de Souza Reis
Thales Wilson Cardoso
Veronica Neves Puga
Vitor Eduardo Albino Garcia
Vivian da Silva Menecucci
Viviane Carolina Caero Hervas

## Ingressantes em 2005 (7ª turma - Período noturno)

Carla Alexandra Ramos Lopes (Convênio)
Anamaria Brasilino Snellaert Tavares
Andreia Guimarães dos Santos
Ariane Jeanile Silva
Barbara Krysttal Motta Almeida Reis
Bruna Renata Pascoal Santos
Charlene Soraya de Melo
Danilo de Souza Cristiano
Eduardo Suga
Fabiana Araujo Gomes
Felipe Ribeiro Pinto
Flávia Cristina Capeleti Berton
Gisele Brasil Nobre Chaves
Henderson Luiz Malaquias
Jessica de Souza Alves
João Felipe Jeziorny Miranda
Luciana Corrêa
Ludimila Santos Fernandes
Luiz Felipe Villas Bôas de Barros
Mariana Camargo Vilela
Michelle Nagai Pedreira
Miriam Vieira Suntaque Cabral Silva
Murilo Matias
Naiara Fonseca Santiago
Raquel Lourdes Faria
Rodrigo Volpe Borges
Silvio Alberto Paniccia Basile
Tabata Dutra de Araújo
Tatiana Pereira de Andrade Neri
Vanessa de Jesus Honorio
Vinicius de Souza e Silva

## Ingressantes em 2006 (52ª turma - Período integral)

Aline Lopes Garbim
Aline Vieira da Silva
Aline Vilanova Shoji
Amanda Yoriko Rocha Suda
Ana Carolina de Oliveira Souza
Ana Paula Nogueira Ferri
André Luiz Alves Maluf
Anna Karina Figueiredo Costa
Bruna Gomide
Bruna Maria Antunes dos Santos
Bruno Ranielly Gonçalves Santos
Camila Justin Chaves
Camila Said Moreira
Carolina da Silva Machado Martinelli
Carolina Lima de Oliveira
Caroline Quéren Fernandes
Cecília Bataglioli Cavazzoni
Cinthia Gomes Yassuda
Cintia Izumi Shinoda
Claudia Ramos de Queiroz
Evaldo Cordeiro de Lima
Frederico Freire Louzada
Geraldo Cristiano de Almeida
Gilmaira Alves de Oliveira
Glaucia Gonçalves Faro
Helena Jimenez Rezende
Iara de Carvalho
Jéssica Fernanda de Souza Silva
Juliana Arantes da Silva
Katia Pavanella Carneiro
Laura Soares Souto Lepesqueur
Leandro Aires Bertramelo
Luciana Martha Bertini
Mariana Barros Marcondes
Max Willian Bueno
Mayra Cristina Yamasaki
Natália Cortez Gutierrez
Paula Scarpa Pinto de Barros
Priscila Holleben
Rafael Taniguchi
Rafaela Kiyomi Sugawara
Rebeca Deji Moura
Renata Prates França
Renato Niiyama Ujissato
Roberta Alves Torres
Rodrigo Nascimento Gozzano
Talita de Macedo Nunes
Tiago Moraes Campos
Vinícius Diniz Chaves Carvalho
Vivian Mayumi Miyazaki Santos

## Ingressantes em 2006 (8ª turma - Período noturno)

Alberto Toseto Binde
Axel Conti
Deise Silva Leite
Érica Crastechini
Evelyn Luzia de Souza Santos
Fabiana Cares Frattes
Fagner Felix
Felipe Eduardo de Oliveira
Gabriela Esteves de Campos
Geraldo Marques Miranda
Giselly Parizoto Costa
Júnia Oliveira Barbosa
Lo-Ruana Pereira de Freitas
Lucélia Lemes Gonçalves
Luciana Doria Ramos
Maria da Conceição Osorio de Almeida
Mariana Cardozo Severo
Megg Aparecida Ribeiro
Nathálie Clara Souto Faria
Paula de Siqueira Barbosa
Paulo Alberto Bicudo de Souza
Ricardo Silva Fernandes
Rodnei Dennis Rossoni
Rodrigo Xavier de Andrade
Rosemary Soares de Santana
Taeny Yumi Makiyama Kubota
Talitha de Cassia Silva Sousa
Vanda de Lelis
Vivian Narana Ribeiro El Achkar
Walter Kendi Hiroishi

## Ingressantes em 2007 (53ª turma - Período integral)

Alice Regina Comar Conceição
Aline Yumi Uezono
Amanda Nardi de Pádua Joazeiro
Andrea Marangoni Tonetto
Anita Carolina de Lourdes Ribeiro
Breda Gabriella de Oliveira
Bruna Di Prófio Daibs
Carolina Prieto de Freitas
Cinthia Azevedo Martins
Daniele Mara da Silva Ávila
Déborah Holleben
Denise Constance Nascimento
Evelyn Barbosa Carmona Monteiro
Fernanda Alves Feitosa
Fernanda de Carvalho Valdetaro
Fernanda de Cássia Papaiz Gonçalves
Flávia Figueiredo Chaves Teixeira
Gabriela Fatarelli Rodrigues de Souza
Gabriela Ramacioti da Silva
Isadora Andrade da Costa
Jessica Rabelo Mina Zambrana
Joana Benitez Campos
Juliana da Costa Lisbôa
Juliane Marcela Guimarães da Silva
Laura Dias Soviero
Leonardo Silva Gomes
Lilian Martins Napolitano
Lívia Samantha Medeiros Honorato
Luciana Harumi Aizawa
Luís Gustavo Guimarães Morales
Luiz Francisco Insfran
Marcelo Teixeira da Silva Júnior
Marcos Smaro Ko
Mariana Cypriano de Paiva Gomes
Marina Gullo Augusto
Monique Costa Moreira
Monise Franciele Arelaro
Natássia Bricks Bourg
Noala Vicensoto Moreira
Paloma Grasso Madureira
Pedro Martins Freire
Priscila Caroline Yu
Regina Del Moral de Lazari
Renata Camila Queiroz
Rosane Marques de Campos
Sarah Almeida Coelho de Oliveira
Stephanie Francine Pereira
Tânia Mara da Silva
Tatiane Caldas Quirino Sanches
Zahra Fernandes Ebrahim

Ingressantes em 2007 (9ª turma - Período noturno)

Aline Naomi Sassaki
Bruna Soares Souza
Caio Brandão Neto
Carlos Paschoal de Camargo Teixeira
Carolina Anne Guimarães
Cesar Senna Taveira
Cynthia Alves dos Santos
Danielle Sá dos Santos
Elisangela da Silva Moreira Chetelat
Emanuel da Silva Rovai
Felipe Scucel Prats
Felipe Tenório de Castro Oliveira
Fernando Cantamessa Gonçalves
Gabriel Arruda dos Santos
Gabriela da Silva Freitas
Guilherme Rodrigues Ferraz
Júlio Nogueira Luz
Jussimara Akemi Ishikawa
Ketlin Jenifer dos Santos Lopes
Luís Ricardo Cera
Mariana de Oliveira França
Paula Tamião Arantes Beraldo
Rafael Brizola Vieira
Raniere Guimarães
Rodrigo Diniz do Prado
Rodrigo Tadeu Nogueira Barbosa
Samara de Sousa Lobo Silva
Schirlei Santos de Carvalho
Vinícius da Silva Cunha
Vítor Vieira Nubile

## Ingressantes em 2008 (54ª turma - Período integral)

Adriana Sayuri Yasuta
Aline Arantes
Aline Muniz
Amanda Coelho Medeiros
Amanda Menon Esteves
Ana Carolina Villela Freire
André Chiconelli Gomes
André Couto Luiz
Angélica Ferreira Duarte
Camila Galvão Cardoso
Carla Cristina de Siqueira
Carolina Pedrosa Moreira Lima
Carolina Veiga Balieiro
Cibele Crastequini Gomes
Daniel Luiz Barbosa
Débora Santarelli
Denise Almeida e Silva Alves da Silva
Diego Leonardo Aparecido Souza
Emílio Siqueira Manso Vieira
Everton Custódio Ramos
Fernanda Carvalho Silva
Fernanda Freire
Flávia Martins Leal
Gabriel Barbosa Afonso
Gabriela Velosa Santos
Guilherme Manussakis Medeiros
Gustavo Paiano Aranda
Jéssica Arthur Palmieri
Laís Medeiros Ribeiro de Almeida
Luana de Carvalho Silva
Lucas Piccolo Ribeiro
Manuella da Silva Oliveira
Marcela Perini Benjamim da Silva
Marcus Vinicius Alves Fonseca
Mariane Gomes Ferreira
Marília Righetto Lopes
Mateus Guimarães Lage Reggiani
Mateus Rodrigues Silva
Monise Garcia Moreno
Naiara Sumiye Floris Cardozo Morishita Santos
Nathalia Akemi Yamaguti Sousa
Paola Busch Cavalieri
Rafael Freitas Coelho
Rafaela Lantyer Marques Dantas
Rodrigo Tadeu Nogueira Barbosa
Sergio Eduardo Pereira de Moraes
Stella Manzzato Alves Garcia
Stella Renata Machado Silva Esteves
Stephanie Botti Fernandes
Thaís Sayuri Motoori

Ingressantes em 2008 (10ª turma - Período noturno)

Aline Júnia Oliveira
Aline Silva Firmino
Andressa Rodrigues da Silva
Benevides da Silva Porfirio Junior
Bruna D'Almeida Teles
Camila Miorelli Girondi
Camila Santos Pugliese
Cristiane dos Santos Souza
Daniella Vicensotto Bernardo
Elyssa Ferreira Firmino
Filipe Dias Shimodo
Flávia Alves Faria
Gabriela de Assis Passos Silva
Gleycielle Pereira dos Santos
Hardaleson Araujo de Oliveira
Heloise Campos Cabral
Idamara Rezende Novaes Nogueira
Juliana Kiritani
Karina Cavalheiro
Lívia Renata Arruda
Maíla Arneiro Samahá de Faria
Marcel Corsi de Almeida
Marcela Fontes Nogueira
Marcelo Henrique de Paula
Mariana Amore Vieira
Mariana Mendes de Souza Medeiros
Rodrigo Persico de Oliveira
Rosana Ferreira Silva
Tássia Andrada Rodrigues
Thamires Custódio de Matos
Zulene Eveline Abreu Ribeiro

## Ingressantes em 2009 (55ª turma - Período integral)

Aline Iara Satyro Mota
Ana Carolina Santos Menezes Barros
Ana Júlia Farias de Lacerda
Ana Luisa Cardoso de Pinho
Bruna de Cássia Sabino
Bruna Pastro de Lara
Bruna Rodrigues Foschini
Carolina Carvalho Bonici
Caroline Leone
Carolline Arisa Ferreira
Caterina Ré da Silva
Daniel de Assunção Cerqueira
Dominique Yukie Toyama
Esthefanie Andrigo Ferreira de Paiva
Felipe Marinho Cruz
Fernanda Ayumi Maruya
Fernanda Faria Ceccon
Flávia Nicolle Stefani Vassallo
Giovana Dallaval do Amaral
Gustavo Luiz Alkmin Paiva
Jackeline Alves Prado
Jéssica Brandão Beraldo
Juliana Camera Brandão
Laís dos Santos Lissi
Laís Morandini Rodrigues
Laura Gomes Garbellotti Farsula
Leandro Ruivo de Santis
Leila Umeda Gallani
Lucas Fonseca Santiago
Lucas Teixeira Franco
Mariana Andrade Ferreira
Mariana Corrêa de Oliveira
Michelle de Sá dos Santos Gomes
Mirella Anjos de Sousa
Monique Rodrigues
Natália Pieretti Bueno
Natalia Yamachita da Silva
Nathália de Carvalho Ramos
Paola Cristinni da Silva Fulquim
Perla de Sousa Costa
Pollyanna Nogueira Ferreira da Silva
Raphael Marcello
Rodrigo Fernandes Cabral Pais Ferraz
Tabata do Prado Sato
Tainnan Marques da Silva
Thatiane Vieira Gutto
Tiago Bouças Miziara
Vanessa Megumi Shiomi
Vinicius Clemente da Rocha
Wellington Marques da Silva

## Ingressantes em 2009 (11ª turma - Período noturno)

Amanda Siqueira Fraga
Antonio Alessandro Meira
Beatriz Pedrique
Bruna Fernandes do Carmo Carvalho
Camila Monteiro da Fonseca
Carolina Servidoni Spreafico
Cássia Fernandes Araujo
Cleiton Santos Vieira
Driele Faustino Martins Teixeira
Ellen Eduarda Fernandes
Emily Setsuko Halter da Silva Hashimoto
Erick Shun-Iti Maeda
Evandro Utrini Chaves Pessoa
Fabiana Bissoli de Siqueira
Fúlvia Cantelmo da Costa
Geraldo Rossi Neto
Guilherme Augusto Croco Nizzola
Jessica Dias Santos
Juliana Aparecida Ribeiro Cerqueira
Marc Zwanziger
Mariana Iris Pereira de Sá
Nathália Candela Ferreira
Patricia Uchôas Barbosa
Poliana Giacomin Tanobe
Rafael de Mello Pereira
Talita Angelina Aureliano Tavares
Tássia Marchetti Botrel
Vanessa Aline Bernusso
Vinicius Carlos de Castro
Vitor di Giovani Araújo

## Ingressantes em 2010 (56ª turma - Período integral)

Adriana Pinto Andrade
Amanda Silveira Rocha
Ana Carolina Guedes
Ana Carolina Torres Leone
Ana Carolina Valim de Brito
Ana Luísa Fernandes Loriggio
Ana Paula Viana Hirasawa
Ariane da Rocha Cerqueira Souza
Bianca Barbezani
Bianca Homem de Melo Sanchez
Braina Camila dos Santos
Bruno do Amaral Haddad
Camila Augusto Silveira
Camila Lopes Ferreira
Camila Telles Valle
Cassia Cestari Toia
Cristina Gibertoni Kanaan
Daniel Silveira Urbano
Enzo Rosetti
Everlei Santos Claudino
Felipe Lucas da Silva Neves
Fernanda Anechinno Barbizan
Gabriela Souza de Oliveira Pinto
Gustavo Haruzo Uozumi
Heitor Yamada
Ingrid Fernandes Mathias
Isabella Maciel dos Santos
Jaqueline Lemes Ribeiro
Jessica Zanella Ponomavenco
Juan Cruz Mutto
Letícia Felicio Garbelini
Letícia Grilo de Souza
Maria Fernanda Bartholo Silva
Mariana de Abreu Alves
Mariana de Almeida Luz
Mariane Cintra Mailart
Marina Silveira Bonora
Myrian Alavarce Campos
Naira Maria Rebelatto Bechara Andere
Natália Corrêa Fonseca
Patricia Kimie Harada
Priscila Lumi Tateo
Rafaela Cristiane Canavezi
Rafaela Xavier
Roberta Bueno Manis
Talita Noronha Lapadula
Tatiane Josefa da Silva
Thiago Alonso Lisboa
Vinicius Takeo Honma Constantino
Yasmin Abrahão Peixoto

## Ingressantes em 2010 (12ª turma - Período noturno)

Bruna Caldas
Camila Della Méa Vianna
Carolina Oliver da Silva
Cassia Ayumi Uehara
Celso Otahara
Daiane Acácia Griti Bueno
Danilo Oliveira Silva
Davi Saraiva Cartaxo Dias
Fernanda Saraiva de Oliveira
Fernando Paulo Martins Herbst de Oliveira
Gabriela Moreno Carrega
Hárina Prates Vilas Bôas
Janaína Araújo de Alvarenga
Jéssica Diane dos Santos
Júlio Ferraz Campos
Kassia Rocha Paulino
Leonardo Rodrigues Pacheco
Lívia Castro de Campos Melo
Marina Bacelar Silva
Matheus Alves Biserra
Nathalia Curto dos Santos
Patricia Carla Lopes
Paulo Rogério Cardoso de Souza
Rafael do Carmo Ribeiro
Rafael Lodi
Raira Cruz Calamari
Roseli de Freitas Araujo
Saulo Fernando Silva
Taiane Reis de Lima
Thalita Velozo Danziger

## CCI Centro de Convivência Infantil "Dente de Leite"

O Centro de Convivência Infantil "Dente de Leite" – unidade educativa vinculada à estrutura da Diretoria Administrativa da Faculdade de Odontologia da Unesp – surgiu em 1987, quando foi formada uma Comissão de Servidoras, visando por meio da discussão e do encaminhamento de propostas à criação de um CCI para amenizar a situação proveniente do afastamento em período integral da mãe do seu lar, tendo que deixar aos cuidados de terceiros o filho, gerando despesas, comprometendo o orçamento e segurança familiar.

Diante dessa realidade, considerando o quantitativo de famílias que seriam beneficiadas, deu-se a partir daí a aquisição de materiais para a construção do ambiente físico, centrada nas necessidades da criança.

A organização e o funcionamento visavam aos aspectos administrativo e pedagógico que o trabalho envolveria – tendo em evidência o objeto maior: o "bem-estar", o desenvolvimento integral e harmônico da criança.

A inauguração foi em 07/12/92 e o início efetivo do funcionamento – com boa infraestrutura e recepção – data de 8 de março de 1993, quando havia no CCI 42 crianças matriculadas. Atualmente, 16 anos e 6 meses após a sua inauguração, conta 17 crianças matriculadas.

O quadro de pessoal composto: – período 1992 a 27/2/2009 – Coordenador Pedagógico, Oficial Administrativo, Recreacionista, Aux. Recreacionista, Cozinheiro, Auxiliar de Serviços Gerais. A contratação era via FO/Unesp x Asfo.

Em 02/03/2009, pela primeira vez, o quadro de pessoal é totalmente constituído por funcionários contratados pela Unesp, vigorando o regime estatutário e a CLT.

Atual quadro de pessoal do CCI
1 Supervisor de Creche
1 Assistente Administrativo
4 Assistentes de Desenvolvimento Infantil
1 Cozinheiro
1 Assistente Operacional I

| Janaina Aires - Supervisor de Creche

A necessidade da criação de um trabalho de educação infantil em uma universidade é um desafio, considerando a diversidade de finalidades.

Significativa foi a sensibilidade dessa instituição na implantação de um espaço educativo para o acolhimento de filhos dos servidores técnico-administrativos, durante a jornada de trabalho, conforme Decreto n° 33.174/91.

A nossa atuação desde o início das atividades se deu num período de transição na concepção do trabalho, exigindo uma adequação de objetivos, finalidades de programa de creche para educação infantil e consequentemente do método de ensino do educador e maneira total como ele encara a si próprio, mas em parceria com a Unesp, defendendo sempre a filosofia de que "as crianças pequenas são vulneráveis e, por estarem completamente à mercê, poderá fazer uma diferença enorme no tipo de seres humanos que virão a ser".

E nestes anos, as crianças que aqui frequentaram fazem a diferença, pois vislumbramos também propostas de capacitá-las a tomar decisões próprias, de buscar soluções para problemas que venham a enfrentar.

Assim quero fazer um agradecimento à FOSJC, professores, alunos, servidores, funcionários do CCI, pelo apoio, enquanto coordenadora do CCI Unesp, no período de junho de 1992 a agosto de 2003, nas mais diversas situações.

À Unesp em especial, por proporcionar-me condições para realizar um trabalho de Educação Infantil de qualidade, que muito me ensinou sobre a arte de viver da criança, com a criança.

Aos senhores Diretores que – com sabedoria de mestres – orientaram e apoiaram-me nos momentos difíceis.

Aos pais e amigos compreensivos, incentivando e acompanhando o decorrer do trabalho, auxiliando-me na manutenção e execução do programa e atividades socioeducativas.

Estes exemplos levá-lo-ei por toda a minha vida. Ficaram boas lembranças de alegre convivência.

Parabéns pelos 50 anos! A vocês dedico todo meu carinho.

Afetuosamente,

| Celuta Silva Tiburcio

❖

No período de outubro de 2003 a novembro de 2005 tive o privilégio de fazer parte do grupo da Unesp (Universidade Estadual Paulista) de São José dos Campos, exercendo a função de Coordenadora Pedagógica do Centro de Convivência Infantil "Dente de Leite".

Na época, frequentavam dezoito crianças, filhos de funcionários e alunos desta unidade, sendo as salas divididas em berçário, maternal e infantil I e II.

Ao iniciar o trabalho na creche, pudemos observar que o atendimento ainda era meramente assistencialista, havendo a necessidade de uma reorganização nas turmas e no atendimento oferecido às crianças. E assim o fizemos: separamos os infantil I e II (do espaço físico) a fim de podermos atender às necessidades cognitivas de cada faixa etária. Passamos a ter uma vi-



Entrada e interior do CCI

C.C.I.
Centro de
Convivência Infantil
"Dente de Leite"

são pedagógica por meio de reuniões e capacitações às Educadoras. Deu-se início também ao "semanário" (planejamento semanal) elaborado por elas, em que era lido, analisado e orientado (quando necessário) pela Coordenadora Pedagógica.

Outra grande conquista foi a valorização desses profissionais de educação pelos pais, que perceberam – ao longo de diversas reuniões – a necessidade dessas capacitações pedagógicas para podermos oferecer, na época, subsídios para que as Educadoras pudessem realizar com segurança o trabalho pedagógico em sala de aula.

Conseguimos também, com o apoio da administração da época, uma reforma no espaço físico, adequando e adaptando os espaços às nossas crianças, como os vasos sanitários, pias, parque, sala de vídeo e até a própria sala da Coordenação Pedagógica.

Fico feliz e honrada por ter feito parte dessa história, pois considero um "divisor de águas" esses dois anos de Gestão e Coordenação Pedagógica no Centro de Convivência Infantil "Dente de Leite" da Unesp de São José dos Campos, em virtude de consideráveis mudanças e grandes resultados.

| Elen Carla Vivian Bellini Paiva

❖

Em novembro de 2005, com a saída da Pedagoga Elen, fui convidada a assumir a coordenação do CCI pelo então Diretor Administrativo Sr. Oscar. Formada em Psicologia com Especialização em Psicopedagogia e Educação Infantil, desde 1999 participava diretamente da Comissão de Pais.

Na época, o CCI contava com 20 crianças (filhos de funcionários, docentes e alunos) e demos continuidade ao grande trabalho que a Elen havia iniciado, quando – nesse período – o CCI deixou de ser assistencialista para se transformar em uma Escola de Educação Infantil. Com registro na Secretaria da Educação desde 17 de maio de 2004, teríamos a oportunidade de alfabetizar as crianças, sem que elas precisassem deslocar-se até uma escola fora da FO.

Nesse período, as funcionárias do CCI eram muito mal remuneradas, mesmo com formação em Pedagogia e algumas até com especialização, mas vestíamos a camisa com dedicação integral.

Até minha saída, em dezembro de 2007, não conseguimos nenhuma reforma na infraestrutura nem no mobiliário, mas o grupo de funcionárias e alguns pais se uniam para fazer o possível para que o CCI conseguisse levar seu trabalho em frente. Tudo com muita dificuldade, mas com muita superação também.

Para mim foi um grande prazer fazer parte do CCI Dente de Leite, primeiramente como mãe e, depois, como Coordenadora. Cuidar e educar crianças são atividades tanto desafiadoras quanto recompensadoras.

Minhas recordações do CCI são de muito trabalho, mas também de muito prazer. Pude conviver com aquelas crianças maravilhosas, às quais não só pude ensinar como também aprendi muito.

| Ana Maria Monteiro de Barros

## Asfo – Associação dos Servidores da Faculdade de Odontologia

Durante os anos 1980, precisamente 1981, o Partido dos Trabalhadores começava a se instalar no País. Apresentaria, em 1982, seu candidato a Governador do Estado de São Paulo, o então líder sindical, Luiz Ignácio Lula da Silva. Enquanto isso, um grupo de servidores da Faculdade de Odontologia – entre eles Ernesto, Carlos Guedes, Dimas Claret, Carlos Brás, Luiz Carlos, Jurandir, Celso Azevedo, Ana Lucia, Vicente, Jô, Waldemar, Iara Carolina, Francisco e muitos outros – gostava de se reunir frequentemente. Seja qual fosse o motivo, o importante era se reunir e trocar ideias. Num desses encontros começou-se a discutir a possibilidade da criação de uma associação que representasse os servidores da FOSJC.

A ideia foi amadurecendo e – principalmente quando fomos participar de um jogo de futebol em Guaratinguetá – pudemos sentir e vivenciar o espírito associativo e o quanto de benefício uma associação poderia trazer a todos. Inicialmente formou-se uma comissão (exclusiva de servidores) para discutir e elaborar um anteprojeto de estatuto da associação.

Elaborado o anteprojeto, realizamos um trabalho de campo, conscientizando as pessoas a apoiar e associar-se, pois quanto maior o número de membros mais representativa e forte seria nossa associação.

No dia 29 de julho de 1981 às 14 horas, no anfiteatro do subsolo do Edifício de Ciências Básicas, foi votado e aprovado o Estatuto da Asfo – Associação dos Servidores da Faculdade de Odontologia. Após aprovação foi constituída e empossada a 1ª diretoria, por aclamação, e indicados os seguintes servidores:

Ernesto Sávio de Paula – Presidente
Jacy Xavier Botão – Vice-Presidente
Maria Mari da Silva – Tesoureiro
Iara Carolina Friggi – Secretária
Oswaldo Machado – Diretor de Relações Públicas
Carlos Alberto Guedes – Diretor Esportivo

Daí coube à primeira Diretoria instalada providenciar as exigências legais da pessoa jurídica que acabara de nascer, o registro no Cartório de Imóveis, o cadastro na Receita Federal, abertura de conta, etc.

Legalmente reconhecida pelos órgãos fiscalizadores, iniciaram-se os trabalhos e o primeiro passo da Diretoria foi o corpo a corpo junto aos colegas, em que íamos pessoalmente de seção em seção, departamento em departamento, realizando um trabalho de convencimento junto aos servidores técnico-administrativos e professores.

Na parte dos esportes, começávamos a interagir com os demais *campi* e reitoria, por meio de jogos de futebol de salão, futebol de campo, vôlei feminino, churrascos, feijoadas e também participamos de um torneio da cidade de futebol de salão, no qual conseguimos o vice-campeonato. Perdemos para um time que simplesmente tinha Nenê e Edinho, na época formando a dupla profissional de ataque do Esporte Clube São José, quarto finalista do campeonato brasileiro de 1982.

Conseguimos a filiação da Asfo junto a Uni-ADCs (União das Associações Desportistas Classistas de São José dos Campos), ocasião em que passamos a usufruir do beneficio de descontos em quase toda a rede comercial de São José dos Campos. Começávamos também a nos movimentar e nos fazer presentes nas reivindicações salariais, culminando logo em seguida na primeira greve na Faculdade de Odontologia. Nessa época era proibido ao servidor público sindicalizar-se.

Também não podemos nos esquecer do *Asfo-Focas*, jornalzinho que tanto nos divertiu e informou com as colunas do Prof. José Roberto Rodrigues, carinhosamente chamado de Zé Biscoito, devido às suas origens jacareienses, a socialite de Paulo Roberto, as fofocas do palácio e da favela, a seção de caricaturas etc.

E assim nasceu a Asfo, filha de todos nós aqui da Faculdade.

**CCC – Centro Comunitário do Câmpus**

Projeto idealizado pela Diretoria da Asfo – Associação dos Servidores da Faculdade de Odontologia, em conjunto com a Direção da Faculdade, na gestão dos Professores José Eduardo Junho de Araujo e Franklin Edgard de Moura Campos, respectivamente Diretor e Vice-Diretor.

O Centro foi inaugurado no dia 23/04/1999, e recebeu o nome do nosso Ex-Diretor, Professor Rogerio Lacaz Netto.

Diretoria:
Ernesto Sávio de Paula – Presidente
Iara Carolina Friggi Kogiso – Vice-Presidente
Fernando Eduardo Pereira – Tesoureiro
Lucélia Auxiliadora Honorato – Secretária
Luciano Müller Lima – Relações Públicas

Fachada e área interna do Centro Comunitário do Câmpus

## Diretório Acadêmico "XXVIII de Março"

Alunos da 1ª Turma do Curso de Odontologia da Faculdade de Farmácia e Odontologia criaram o Diretório Acadêmico "XXVIII DE MARÇO", que recebeu esta denominação, devido ser a data de 28/03/1960 o 1º dia de Aula do Curso de Odontologia.

A primeira Diretoria eleita foi constituída pelos acadêmicos:

Presidente: Nicolau Diacov
1º Secretário: Alfredo Pereira Neto
2º Secretário: Sebastião Hamilton de Oliveira
1º Tesoureiro: José Benedicto de Mello
2º Tesoureiro: Shizuo Yonezaki

Neste mesmo ano foi criada a Atlética, que teve de imediato ótimo desempenho nas competições esportivas em Futebol de Salão e Basquete (Pedro Yves Simão, Sérgio Maia Ramos, Fabio Aurélio de Almeida, Paulo José Simão, Pedro Manoel Dellias, Alfredo Pereira Neto, Marcus Fraga, Oswaldo Xavier Ribeiro e Shizuo Yonezaki).

Nos Jogos universitários a equipe conquistou vários títulos, destacando entre os acadêmicos o aluno Pedro Yves Simão, que pelo seu desempenho foi convocado para a Seleção Brasileira para disputar um campeonato acadêmico em Cuba. Naquela época, sem dispensa para participar dos jogos e pela longa duração da competição, não pôde seguir com a turma, e acabou formando-se com a segunda turma.

Somente em 1961, conseguiu-se com o Diretor da Faculdade, Professor Cervantes Jardim, uma sede para seu funcionamento em uma sala na esquina da Rua Euclides Miragaia, onde hoje corresponde à entrada da Casa do Idoso.

Com atividades desenvolvidas pelos alunos foi possível obter recursos para mobiliar e equipar a sede, com mesas, armários, máquina de mimeógrafo para relatórios e apostilas elaboradas pelo aluno Sebastião Hamilton de Oliveira.

Nesta sede o Diretório funcionou até a construção e instalação da sede no atual Câmpus, que ocorreu na década de 70, com cantina, sala de jogos, diretoria e secretaria...

Nos anos de 1972 e 1973 foi aberto pelos alunos da Diretoria do Diretório Acadêmico um livro ouro para angariar fundos para construção da tão sonhada quadra de esportes. A empreitada foi um sucesso, os recursos conseguidos com o livro ouro e com doações de algumas empresas da região foram suficientes para a execução da obra.

O DA tem como objetivo resguardar o patrimônio cultural e preservar as tradições estudantis, além de cooperar para o bom entendimento da comunidade universitária. Organiza, ainda, reuniões de caráter cívico, social, cultural, artístico e esportivo, visando ao aperfeiçoamento da formação discente.

São órgãos de administração e de deliberação do DA XXVIII de Março:

• Assembléia Geral – Deliberação acerca dos assuntos de interesse da classe, aprovação de contas, nomeação de comissões transitórias e deliberação sobre assuntos omissos no Regimento Interno.

• Diretoria – Composta por 10 membros eleitos com mandato de um ano, sendo: Presidente, Vice-Presidente, 1º Secretário, 2º Secretário, 1º Tesoureiro, 2º Tesoureiro e quatro Conselheiros.

• Conselho Fiscal – Constituído por 5 associados não membros da Diretoria com mandato de um ano. Sua função é acompanhar e fiscalizar a gestão administrativa e financeira do DA.

• Departamentos de Imprensa, Bolsas, Jurídico, Patrimonial, Estágios, Cultural, LUSB (Social e Científico), Publicidade e Propaganda e Associação Atlética Acadêmica (AAA Cervantes Jardim)

• Comissões Especiais – São comissões transitórias com o objetivo de desempenhar funções específicas que são extintas com a consecução do objetivo para o qual foram criadas.

• Representantes Discentes – Alunos associados que representam o corpo estudantil na Congregação, Conselho de Curso e Conselhos de Departamento.

Contamos com uma cantina, área de lazer e uma dental. A partir de 2009 o Consultório Cervantes Jardim foi desativado, uma vez que os alunos não tinham a supervisão de um professor responsável. O Consultório Cervantes Jardim havia sido reativado em 11/11/1991 pela Chapa Articulação 91 com auxílio do Diretor na época, Prof. Drº Rogério Lacaz Netto, e empresas como a Dental Campinas e Dabi Atlante. Em 2010 o Consultório foi transformado em laboratório e para isso o DA contou com o auxílio de empresas do ramo.

Nestes 50 anos, o Diretório realizou melhorias na área cedida pela Instituição graças ao apoio de empresas e com os lucros obtidos com as Jornadas Acadêmicas. No ano do Jubileu de Ouro o Diretório será reinaugurado após a reforma que contará com a instalação de um televisor de plasma de 42 polegadas, reforma da mesa de sinuca, compra de novos assentos, painel comemorativo feito por artistas da comunidade local, pintura das paredes e uma placa comemorativa dos 50 anos do Diretório Acadêmico. As melhorias serão graças ao empenho da nova diretoria juntamente com a direção da faculdade e comissão organizadora do IV Ceajo.

Há 8 anos as Jornadas Acadêmicas foram unificadas com o Congresso de Ex-Alunos resultando no Ceajo – Congresso de Ex-Alunos e Jornada Acadêmica, eventos que contam com a expressiva participação da comunidade discente.

Na década de 70, foi editado o primeiro jornal do Diretório Acadêmico que recebeu o nome de O incluso. No segundo semestre será reativado o Jornal do DA que foi lançado em 2003. Com a reedição do Jornal esperamos continuar mantendo um meio de comunicação entre a diretoria e os alunos. É através dele que são divulgadas notícias de interesse do corpo discente como congressos, seminários, atuação do Movimento Estudantil Nacional e assuntos internos de nossa unidade.

Carteirinha do Diretório (1974 e 75)

# O INCLUSO

Diretor responsável: Clóvis Pagani

Desenhos: José Antônio Monteiro
José Roberto Carvalho
José Roberto Rodrigues
Clóvis Pagani

Colaboração:
J. G.
Hélio P. Goulart
Jair Gualiato
J. Roberto Rodrigues

ANO: I 31/05/72 EDIÇÃO ESPECIAL

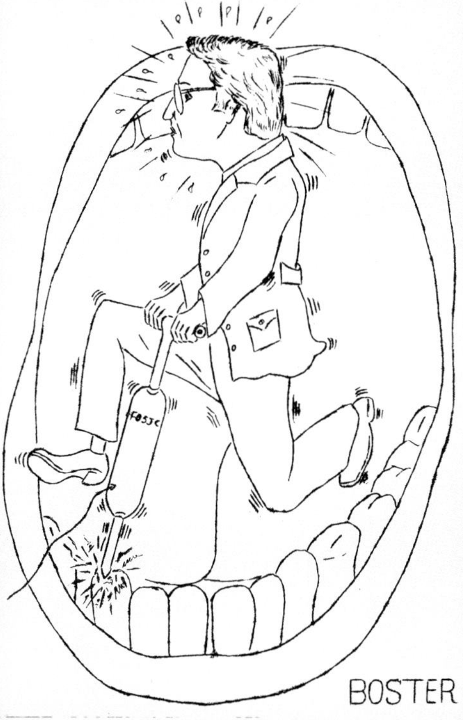

A Faculdade teve representação discente nos eventos realizados pelo Movimento Estudantil em Alagoas (Ufal) em março de 2006 e na Paraíba (UFPB) em outubro de 2007. O Diretório Acadêmico juntamente com a Diretoria se empenhou em enviar dois alunos em cada um destes eventos.

No ano de 2010, assume a Chapa RenovAÇÃO através de votação com eleição de chapa única. O Diretório conta com uma aluna na Presidência há cinco anos consecutivos.

A Chapa RenovAÇÃO busca este ano retomar a força que o Diretório possui na Comunidade Acadêmica, incentivando a participação de calouros em programas de treinamento para o início das atividades da Lusb e do Jornal do DA.

Presidente: Gláucia Gonçalves Faro – 4º Integral
Vice-Presidente: Paulo Alberto Bicudo de Souza – 5º Noturno
1º Secretário: Alberto Toseto – 5º Noturno
2º Secretário: Júnia de Oliveira Barbosa – 5º Noturno
1º Tesoureiro: Ricardo Fernandes – 5º Noturno
2º Tesoureiro: Renato Niiyama Ujissato – 4º Integral
Conselheiro: Talita de Macedo Nunes – 4º Integral
Conselheiro: Marcus Vinícius Alves Fonseca – 2º Integral
Conselheiro: Benevides Porfílio Jr. – 3º Noturno
Conselheiro: Felipe Shimodo – 2º Integral

Sede do Diretório Acadêmico

No dia 25 de março de 2010, a Direção da Faculdade de Odontologia do Campus de São José dos Campos, da Unesp, deu início à programação das atividades em comemoração ao seu Jubileu de Ouro, conforme segue:

1. Sessão Aberta da Congregação no Anfiteatro I "Professor Paulo Milton Barbosa Landim", com as presenças do Magnífico Reitor, Professor Titular Herman Jacobus Cornelis Voorwald e da Pró-Reitora de Extensão, Professora Titular Maria Amélia Maximo de Araújo.

2. Descerramento de placa comemorativa (proximidades das instalações do Diretório Acadêmico "XXVIII de março")

3. Sessão Solene de Lançamento do Carimbo Comemorativo e Apresentação do selo personalizado dos 50 anos da Faculdade de Odontologia do Campus de São José dos Campos, Homenagem aos Alunos da Primeira Turma, Ex-Diretores e Vices, e Servidores Técnico-Administrativos Aposentados, como parte das comemorações aos 50 anos de criação do Ensino Superior Público em São José dos Campos

Sessão aberta da Congregação no anfiteatro

Descerramento de placa comemorativa dos 50 Anos

Solenidade de abertura das festividades e lançamento do Selo Comemorativo dos 50 Anos

Discurso do Diretor José Roberto Rodrigues

Local onde aconteceram as festividades

Selo comemorativo dos 50 Anos da Faculdade

## Discurso do Professor Wilson Galvão Naressi – Ex-Docente e Representante dos Alunos da 1ª Turma

*Prof. Adj. José Roberto Rodrigues – DD. Diretor do Câmpus de São José dos Campos – Unesp;*
*Profª. Titular Maria Amélia Máximo de Araújo – DD. Pró-Reitora de Extensão da Unesp;*
*Dr. Luiz Antonio Ângelo da Silva – DD.Vice-Prefeito de São José dos Campos;*
*Dr. Carlos Augusto Pavanelli – DD.Vice-Diretor deste Câmpus;*
*Demais Personalidades componentes da Mesa e também em extensão à Mesa.*

*Senhores Ex-Diretores e Ex-Vice-Diretores desta Faculdade, Srs. Profs. da 1ª Turma desta Faculdade, demais componentes do Corpo Docente, estimados e prestativos Funcionários, meus Colegas da 1ª Turma, meus Colegas da 1ª Turma que se tornaram Docentes desta Casa, Familiares e convidados, cuja presença vem conferir um raro brilho a esta solenidade. Sejam todos bem-vindos.*

*Engalana-se a Universidade com este evento maior: o Jubileu de Ouro do Câmpus de São José dos Campos.*

*O começo de tudo foi no ano de 1954, quando através da Lei 2.631 de Fev/54, o Prefeito Elmano Ferreira Veloso fundou o Curso de Farmácia e Odontologia de São José dos Campos. Após toda a tramitação de praxe, com as exigências do Conselho Estadual de Educação e da Câmara de Ensino Superior do Estado de São Paulo cumpridas, em 1959 estava tudo pronto para iniciar-se o Curso, tendo o Professor Cervantes Jardim, eminente Catedrático da Fousp, como Diretor.*

*A chamada para o exame vestibular no inicio de 1960, com candidatos de várias cidades da região e de São Paulo. Nos exames realizados nas modalidades teóricas, orais e práticas, inclusive nas provas de Física, foram utilizados equipamentos e instrumentos dos laboratórios do ITA. Um sufoco!*

*Assim, em final de fevereiro e inicio de março de 1960, a 1ª Turma estava habilitada a iniciar o Curso. Uma turma pequena, 32 tímidos calouros-veteranos, pouco mais que ex-colegiais assustados, agora transformados galhardamente em acadêmicos!*

*Aos 28 de março de 1960 foram ministradas as primeiras aulas, em modestos barracões junto ao Grupo Escolar Olympio Catão, centro da cidade.*

*Formou-se a primeira república, a mais autêntica representação da vida universitária. Chamava-se "Nau sem rumo", sendo* seus componentes: Alfeu, José Luiz, Shizuo, Isaac, Marcus, Levy, Sebastião e eu, Wilson.

O Diretor da Faculdade, Dr. Cervantes Jardim, profundamente orgulhoso em apresentar a nós os Professores das Disciplinas do 1º ano letivo: Prof. Dr. Nylceo Marques de Castro e seus Assistentes Dr. Eduardo Katchburian e Dr. Álvaro Glerean, Prof. Dr. Augusto d' Escragnole Taunay e seu Assistente Dr. Décio Pereira de Castro, Prof. Dr. Jesus Pan Chacon e seu Assistente Dr. Dario Romani, Prof. Dr. Demóstenes Orsini e seu Assistente Dr. Rubens Savastano. Altíssimo padrão de Corpo Docente.

A todo momento Prof. Cervantes nos exortava sobre nossa responsabilidade, como 1ª Turma, em formar uma Escola de peso científico, pois éramos os primeiros tijolos na construção do que seria um dos melhores Cursos de Odontologia do País, fato comprovado pelas notas máximas obtidas nos "provões" estabelecidos pelo MEC.

Chegamos ao 2º ano do Curso. Novas disciplinas e novos professores: Prof. Dr. José Barbosa e seu Assistente Dr. Nelson Saad; novamente Prof. Dr. Demóstenes Orsini e seus Assistentes Dr. Rubens Savastano, Dr. Fausto Ivan Villas Boas, Dr. Oswaldo Martins Toledo; Prof. Dr. Virgílio Delgado Pessoa e seu Assistente Dr. Gilberto Bavoso de Sá. Outros professores vieram compor o Corpo Docente: Drª. Ida Ruston, Dr. João Reis Quaglia, Dr. Camillo de Moraes, Dr. Alberto Sansiviero.

Mais um prédio cedido pela Prefeitura na esquina da Rua Euclides Miragaia, onde dispúnhamos do laboratório e Clínica de Técnica Odontológica, laboratório e Clínica de Prótese Dental (Dr. Camillo de Moraes), Radiologia (Prof. Dr. Ciro Silva e

seus Assistentes Dr Oswaldo Leão, Dr. Roberto Nicodemo e Dr. Renato Yassuda); dispúnhamos também de Biblioteca e da sede do Centro Acadêmico 28 de Março, um local todo nosso, onde fazíamos sugestões e tomávamos decisões a respeito de nossas relações com a Diretoria e o Corpo Docente. Nossa participação era absoluta.

O edifício do que seriam definitivamente as instalações da Faculdade estava sendo construído no local cedido à Av. Francisco José Longo, com novos laboratórios, Clínicas e Biblioteca.

E a nossa 1ª Turma ia amadurecendo, trilhando os caminhos da biologia do ser humano.

Chegam os 3º e 4º anos, novos Mestres, seus laboratórios de Farmacologia, Materiais Dentários, Técnica Odontológica, Radiologia e Prótese Dental e as Clínicas de Técnica Odontológica (Prof. Dr. Rudy José Rosso e seu Assistente Dr. Newton José Giachetti), Periodontia (Prof. Dr. Gerson Munhoz dos Santos), Endodontia (Prof. Dr. Hed Arruda Camargo), Cirurgia (Prof. Dr. José Bonifácio Fonseca e seus Assistentes Dr. José Maria Pereira Sampaio e Dr. José Cássio Carvalho), Pediatria e Ortodontia (Prof. Dr. Nelson Junqueira de Andrade e seus Assistentes Dr. Luiz Penelli e Dr. Luiz Carlos Vianna) e a Prótese BucoMaxiloFacial (Prof. Dr. Edmundo Pinto da Fonseca e seus Assistentes Dr. Rolf Rode e Dr. Reynaldo Fernandes Marques). Na Disciplina de Higiene e Estatística (Profª. Dra. Stela Maria Rossetini) e em Odontologia Legal o caro Prof. Dr. Orlando Campos. Novos professores vieram enriquecer o Corpo Docente na área de Prótese Dental: Dr. Henrique Cerveira Netto e Dr. João Vieira de Moraes.

Nossos Mestres não poupavam esforços para trazer-nos, dentro das limitações próprias de um Curso iniciante, todo o conhecimento, sempre nos exortando aos melhores trabalhos que pudéssemos realizar.

A esta altura do Curso, com novas turmas a cada ano, a Faculdade ia se consolidando. Novas repúblicas ("O molar furado", "Saudade de casa", "TPM – tudo pelas moças"), o congraçamento entre os colegas (tinha cada figura!), os torneios esportivos. Nessa época reinávamos absolutos como acadêmicos, pois havia somente a Faculdade de Direito com seu curso noturno, e o ITA, com seu Câmpus (imagine!) muito distante da cidade!

O bar do Boneca, na Rua XV, local de encontros e desencontros, as festas, os bailes de nossos calouros, tudo isto a nos unir ao ideal proposto pelo Prof. Cervantes Jardim: "Haveremos de ser um Curso de referência, pois a boa semente foi lançada!". Definitivamente, a qualidade do Curso estava sendo consolidada.

E assim, no meio das dificuldades inerentes, após quatro anos em período integral graduou-se esta 1ª Turma, a Turma Pioneira. O "Band of Brothers" de apenas 26 colegas (dos 32 iniciantes, por várias razões, seis não completaram o Curso), que iriam levar seus conhecimentos no alívio da dor de nossos semelhantes.

E nossos Mestres, que assinaram embaixo de nossos nomes, na confiança de que prepararam jovens colegas que iriam disseminar a ciência e a arte que sempre compuseram a Odontologia.

A solenidade da Formatura contou com a presença de nomes marcantes da ciência, como Prof. Zeferino Vaz e Prof. Luiz Martins. E nós, felizes com o canudo do Certificado de Graduação, com orgulho incontido por nosso grande feito e para júbilo de nossos familiares!

O Baile de Formatura foi um espetáculo, com o que havia de mais talentoso na época: magnífica orquestra de Zezinho-Arruda Paes, com o cantor Agostinho dos Santos e mais Dick Farney e seu trio. Festa inesquecível!

*E assim, ao final do Curso e após o deslumbramento das comemorações, somos colhidos por um pensamento: "E agora, José?" Para onde ir? Onde começar uma vida profissional? Felizmente cada um foi ganhando seu espaço e, não demorou muito, a turma toda estava se desempenhando no trabalho diuturno da profissão.*

*Houve a necessidade de começar a composição do Corpo Docente com as "Pratas da Casa" que éramos nós. Dos 26 graduados na 1ª Turma, 17 começaram a trilhar também o caminho da docência, da pesquisa e da extensão de trabalho à comunidade, tripé no qual se fundamenta a moderna Universidade, sempre com a orientação de nossos Mestres que novamente depositaram sua confiança em nós. Estava aí traçado o nosso caminho, na trajetória da carreira universitária: Alfeu Vitelli Marinho Filho, Alfredo Pereira Neto, Edmundo Medici Filho, Fabio Aurélio de Almeida, Job Sarmento da Silva, José Benedicto de Mello, José Luiz Ramos de Andrade, José Roberto de Oliveira e Silva, Luiz César de Moraes, Luiz Fernando de Almeida Candelária, Maria Aparecida Dias, Neide Barbosa Guisard Querido, Nicolau Diacov, Oswaldo Xavier Ribeiro, Paulo José Simão, Pedro Manoel Dellias e Wilson Galvão Naressi.*

*Tempo depois, o rude golpe. Perdemos nosso colega de turma, o Marcus Fraga. Depois perdemos o Prof. José Luiz Ramos de Andrade. Mais um tempo, e se foi o Sérgio José de Sá e Benevides. Nos últimos anos fomos privados do convívio de Prof. Nicolau Diacov, Prof. Pedro Manoel Dellias e, há menos de um ano, perdemos um de nossos mais expressivos colegas pela alegria de vida e seu jeito zombeteiro de ser, bom contador de piadas, o Prof. Alfredo Pereira Neto. Quero deixar aqui nosso preito de saudade. Com a presença de familiares de alguns deles, queremos trazer o nosso forte e saudoso abraço, com direito à lágrima da emoção.*

*E assim, ao longo destes 50 anos, com os Concursos de Mestrado, as Teses de Doutorado, Livre-Docência e Titular, com colegas que se projetaram de tal forma que são expressões reconhecidas nacional e internacionalmente, com mais de 2.300 jovens colegas que se graduaram por esta Escola (inclusive minha esposa, Suely, depois também Docente desta Casa), creio que consolidamos o sonho maior do Prof. Cervantes Jardim: "A boa semente lançada em solo fecundo produziu bons frutos".*

*Obrigado!*

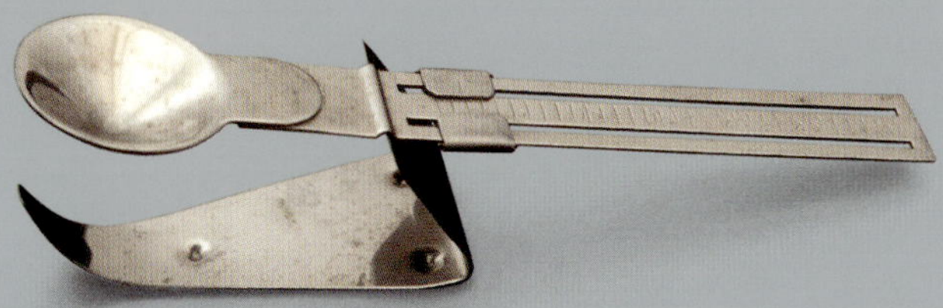

Balança para limalha e mercúrio, 1826
Grau e pistilo para amalgamação, 1826

# A FACULDADE HOJE

Nesta página:

Edifício de Clínicas

Acesso a Seção de Triagem, Emergência e Documentação

Portaria Central (Av. Francisco José Longo)

Próxima página:

Anfiteatro I "Prof. Paulo Milton Barbosa Landim (Edif. Clínicas)

Sala da Congregação (Edif. Administração)

Sala da Diretoria (Edif. Administração)

Sala da Vice-Diretoria (Edif. Administração)

Secretaria da Diretoria (Edif. Administração)

Anfiteatro II (Edif. Administração)

unesp
Faculdade de Odontologia

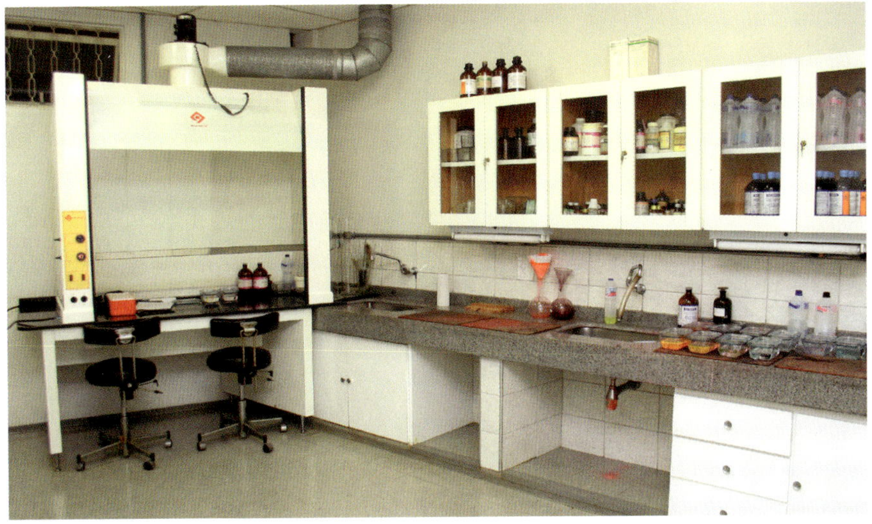
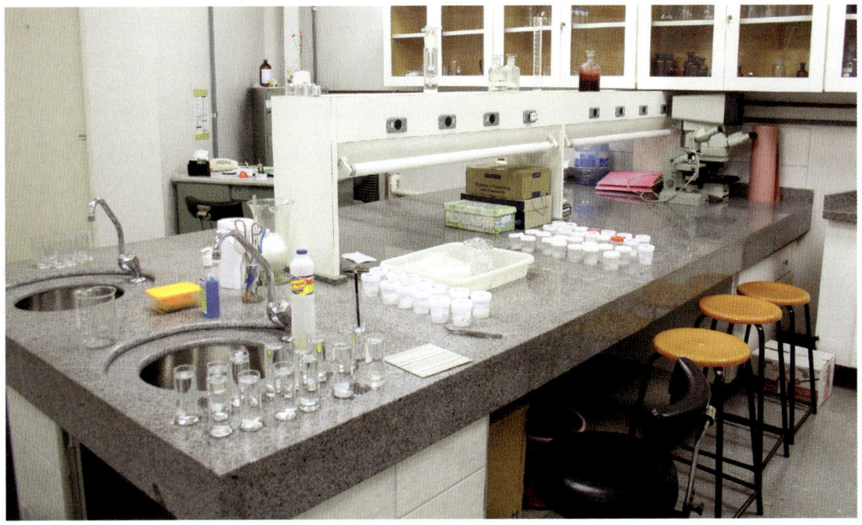
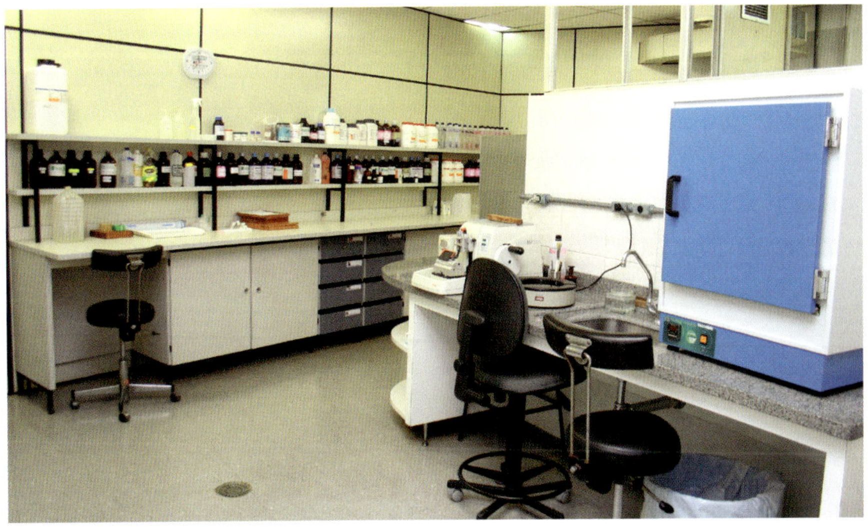
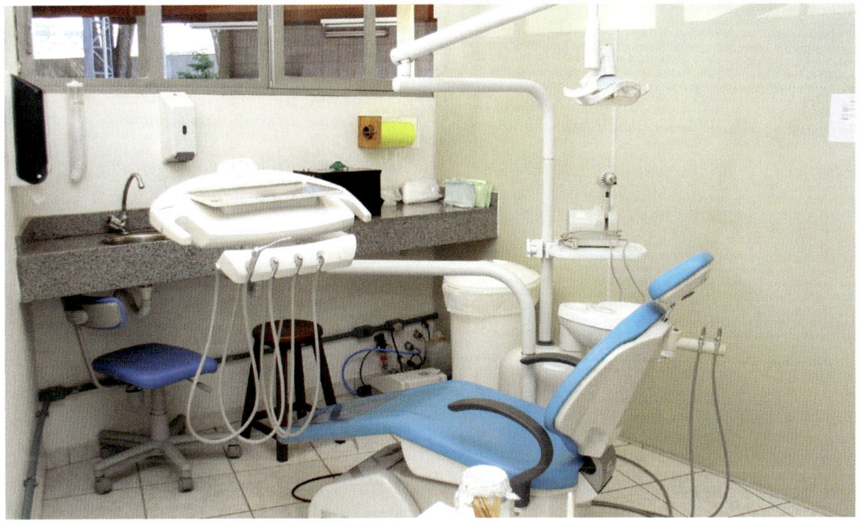

Página anterior:
Central de Salas de Aula
Pré-Clínica I (Central de Salas de Aula)
Pré-Clínica II (Central de Salas de Aula)
Sala de aula (Central de Salas)
Sala de aula (Central de Salas)
Laboratório de Básicas (Central de Salas de Aula)

Nesta página:
LAP - Laboratório de Apoio Central (Edif. Ciências Básicas)
LAP - Laboratório de Apoio Central (Edif. Ciências Básicas)
CEBAPE (Edif. Ciências Básicas)
Pronto-Socorro

Acima:
Quadra de esportes

Esquerda:
Sala de Manutenção
Central de Esterilização
Central de Esterilização

## Biotério

Há mais de 30 anos o Biotério da FOSJC-Unesp oferece animais de experimentação para as aulas práticas das disciplinas – principalmente de Fisiologia e da Farmacologia – e para os projetos de pesquisa dos docentes e dos alunos da pós-graduação.

O biotério disponibiliza ratos, camundongos, coelhos e algumas vezes *hamsters*. Para que os animais sejam oferecidos aos pesquisadores o projeto de pesquisa tem que estar aprovado no Comitê de Ética em Pesquisa Animal da nossa Faculdade.

Os animais são criados e mantidos sob controle diário de alimentação e de hospedagem, tendo para isso hoje três funcionários que o mantêm em perfeitas condições. Além da parte estrutural de manutenção dos animais, temos também sala para pequenas cirurgias, local de armazenagem de maravalha e de ração e duas salas para os animais em experimentação.

Os funcionários do biotério gostam muito do que fazem e têm o prazer de prestar serviços, proporcionando aos pesquisadores boas condições de trabalho e aos animais boas condições de saúde.

| Professora Adjunto Rosilene Fernandes da Rocha - Responsável pelo Biotério
Departamento de Biociências e Diagnóstico Bucal

Interior e exterior do Biotério

Seringa para anestesia (Carpule)

## ~ DA FUNDAÇÃO ATÉ OS DIAS DE HOJE

**1954**
Lei nº 2.631, de 20 de janeiro
Criação da Faculdade de Farmácia e Odontologia de São José dos Campos

**1955**
Lei nº 2.956, de 20 de janeiro
Integração ao Sistema Estadual de Ensino Superior

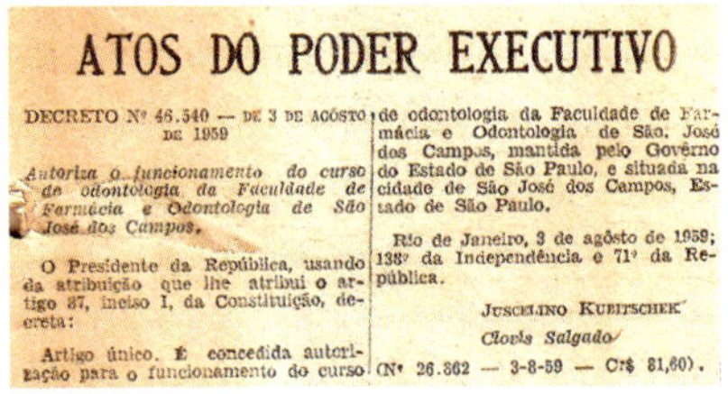

ATOS DO PODER EXECUTIVO

DECRETO Nº 46.540 — DE 3 DE AGÔSTO DE 1959

*Autoriza o funcionamento do curso de odontologia da Faculdade de Farmácia e Odontologia de São José dos Campos.*

O Presidente da República, usando da atribuição que lhe atribui o artigo 87, inciso I, da Constituição, decreta:

Artigo único. É concedida autorização para o funcionamento do curso de odontologia da Faculdade de Farmácia e Odontologia de São José dos Campos, mantida pelo Govêrno do Estado de São Paulo, e situada na cidade de São José dos Campos, Estado de São Paulo.

Rio de Janeiro, 3 de agôsto de 1959; 138º da Independência e 71º da República.

JUSCELINO KUBITSCHEK
*Clovis Salgado*

(Nº 26.862 — 3-8-59 — Cr$ 81,60).

CORREIO JOSEENSE

**Lotes de Terrenos**

**Curso Oral Gratuito de Taquigrafia**

**Faculdade de Farmacia e Odontologia de São José dos Campos**

São José dos Campos, 8 de setembro de 1959

Senhor Redator

Tenho prazer de comunicar a Vossa senhoria, que a Faculdade de Farmacia e Odontologia de São José dos Campos, Instituto integrante do Sistema Estadual do Ensino Superior do Estado de São Paulo, iniciando suas atividades, ministrará a partir de 15/9/ até 15/12/59, um Curso de Revisão Pré-habilitação, destinado a revisar e alicerçar os conhecimentos básicos dos candidatos à 1a. série do Curso de Odontologia, que será instalado em 1960, neste Instituto de ensino superior.

Outrossim, esclareço que as inscrições acham-se abertas até 15 do corrente mês, devendo os candidatos apresentarem-se, na Secretaria da Faculdade, das 12 às 18 horas e sabado das 9 às 12 horas, munidos dos seguintes documentos:

Cedula de Identidade, Certificado Militar, Titulo de Eleitor, Certificado do Curso Cientifico ou equivalente, ou Atestado de estar cursando a 3a. serie do Cientifico.

Nesta oportunidade rogo a Vossa Senhoria a fineza de dar publicidade em seu jornal da comunicação supra, para os devidos efeitos.

Servo-me do ensejo para apresentar a Vossa Senhoria os meus protestos de elevada consideração.

Atenciosamente
Prof. Cervantes Jardim
Diretor

**Asilo Santo Antonio**

Relação do mes de Agosto de 1959

DONATIVOS:

**Editais de Proclamas**

PARA O CASAMENTO CIVIL

**1958**
Designação do Prof. Cervantes Jardim, para Diretor da Faculdade, e, como viabilizador de sua implantação

**1959**
Decreto Federal nº 46.540, de 3 de agosto: autorização para o funcionamento do Curso de Odontologia

**1960**
Realizado o 1º Concurso de Habilitação (vestibular).
Início das aulas em duas salas cedidas pelo Grupo Escolar Olympio Catão

Prof. Cervantes Jardim e alunos da primeira turma

1954 1955 1956 1957 1958 1959 1960 1961 1962

Primeiro edifício da Faculdade, década de 1960

**1962**
Início da construção do 1º Edifício do Câmpus (atual Edifício da Administração)

Terreno doado pela prefeitura para a construção do 1º edifício

Professores Álvaro Glerean, Nylceo Marques de Castro e Eduardo Katchburian, e o técnico Jacy Xavier Botão

**1964**
Formatura da 1ª Turma

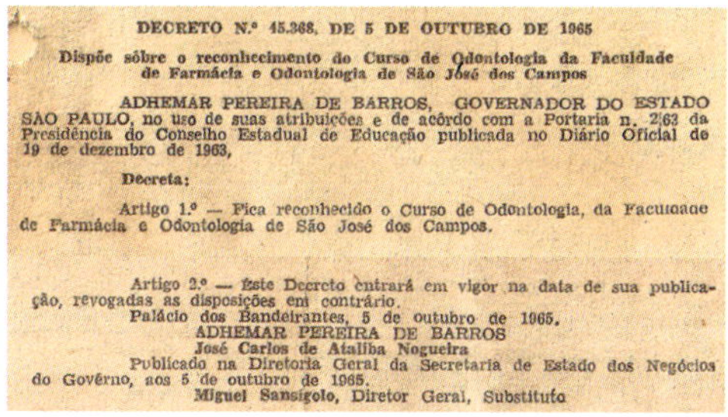

DECRETO N.º 45.368, DE 5 DE OUTUBRO DE 1965

Dispõe sôbre o reconhecimento do Curso de Odontologia da Faculdade de Farmácia e Odontologia de São José dos Campos

ADHEMAR PEREIRA DE BARROS, GOVERNADOR DO ESTADO SÃO PAULO, no uso de suas atribuições e de acôrdo com a Portaria n. 263 da Presidência do Conselho Estadual de Educação publicada no Diário Oficial de 19 de dezembro de 1963,

Decreta:

Artigo 1.º — Fica reconhecido o Curso de Odontologia, da Faculdade de Farmácia e Odontologia de São José dos Campos.

Artigo 2.º — Êste Decreto entrará em vigor na data de sua publicação, revogadas as disposições em contrário.

Palácio dos Bandeirantes, 5 de outubro de 1965.

ADHEMAR PEREIRA DE BARROS

José Carlos de Ataliba Nogueira

Publicado na Diretoria Geral da Secretaria de Estado dos Negócios do Govêrno, aos 5 de outubro de 1965.

Miguel Sansígolo, Diretor Geral, Substituto

**1965**
Decreto nº 45.368, de 05 de outubro: Reconhecimento do Curso de Odontologia

**1966**
Término da construção do 1º Edifício do Campus (Edifício da Administração)

**1969**
Início da construção dos Prédios:

- Ciências Básicas
- Biotério
- Diretório Acadêmico
- Portaria

1963 1964 1965 1966 1967 1968 1969

**1970**
Decreto Lei nº 191, de 30 de janeiro: transformação de Instituto Isolado em Autarquia, e extinção do Curso de Farmácia (nunca instalado)

**1972**
• Término do Prédio de Ciências Básicas/Biotério/Diretório Acadêmico
• Início da construção do Edifício de Clínicas
• Construção da Quadra de Esportes

**1975**
Término e Inauguração do Edifício de Clínicas

**1976**
Lei nº 952, de 30 de janeiro: criação da Unesp – Universidade Estadual Paulista Júlio de Mesquita Filho
Incorporação da Faculdade à Unesp

1970 1971 1972 1973 1974 1975 1976 1977

**1985**
Em 1984-85, montou-se o laboratório de apoio às pesquisas (LAP)

**1995/1999**
Informatização da biblioteca, bem como a modernização e adequação do mobiliário

**1987/1988**
Implantação do STI - Serviço Técnico de Informática

Reestruturação do Setor de Esterilização

Reformulação do Serviço de Triagem e Assistência Social

Criação do Curso de Pós-Graduação em Odontologia Área: PBMF

**1993**
Início do funcionamento do CCI - Centro de Convivência Infantil "Dente de Leite".

**1992**
Início do curso de pós-graduação Área de Concentração em Odontologia Restauradora

1988 1989 1990 1991 1992 1993 1994 1995

**1996**
Reformas
Clínicas e Laboratórios de Dentística
e Cirurgia

**2000**
Inauguração da Central de Salas de Aula, em 03 pavimentos (com 08 salas de aula, laboratórios didáticos, clínicas e outras dependências, com verba da Reitoria (gestão do Magnífico Reitor José Carlos de Souza Trindade)

**1999**
Atendendo aos anseios da Reitoria em fazer cumprir a Carta Magna, vieram os cursos demandados pela população que trabalha e que tem o legítimo direito de progredir intelectualmente, em nível superior.

Início das aulas do Curso de Graduação em Odontologia, no período noturno, com 30 alunos.

Inauguração do CCC – Centro Comunitário do Campus "Professor Rogerio Lacaz Netto"

1996 1997 1998 1999 2000 2001 2002 2003

**2003-2007**

Pelo lado da Vice-Diretoria, a Extensão Universitária começava a ganhar uma nova forma de ser entendida e realizada. O atual Diretor delegou ao seu vice a tarefa de aplicar à realidade universitária do câmpus o que já estava contido e adormecido no Estatuto e Regimento da Unesp, concernentes à extensão. A Unidade ainda contou com o privilégio e a competência da Professora Maria Amélia Máxima de Araújo, que, agora, cumpria as honrosas e merecidas funções de Pró-Reitora de Extensão Universitária da Unesp.
A Unesp, começava a estruturar, por fim, a sua atividade-fim mais acanhada, até então. Hoje, a extensão universitária tem o seu merecido lugar na academia toda e tem evoluído de maneira a exigir, volta e meia, simpósios, congressos e publicações importantes no cenário nacional e internacional. Foram criados: a Lusb – Liga Universitária de Saúde Bucal, a Odonto Jr. (segunda empresa júnior na área de Odontologia, no mundo, na ocasião). Os eventos de extensão universitária proliferaram no câmpus, refletindo o que ocorria na Proex – Pró-Reitoria de Extensão Universitária.
A gestão do Professor Paulo Vilela iniciou um substancioso processo de renovação dos corpos docente e administrativo da escola, visando superar a complexidade advinda do engrandecimento contínuo da instituição.

50 anos
1960-2010

Nova diretoria:
Professor Adjunto José Roberto Rodrigues e o Professor Doutor Carlos Augusto Pavanelli – diretor e vice-diretor, respectivamente (gestão ago 2007 – ago 2011)

2004 2005 2006 **2007** 2008 2009 **2010**

Antigo consultório dentário, cerca de 1890

# AGRADECIMENTOS

A Faculdade de Odontologia de São José dos Campos, da Unesp, nesse ano de 2010, dedicou todos os esforços necessários para que a data de seu Jubileu fosse digna de sua comunidade e da generosa cidade que a inclui. Foram muitas as colaborações dos nossos amigos, fornecedores, servidores e até as instituições de fora de nossa região.

Particularmente, muito obrigado ao Professor Clovis por nos colocar em evidência, com sofisticação e beleza, nos anais da história acadêmica desse país. Jamais tudo isso teria ocorrido não fosse a abnegada dedicação de um amigo verdadeiro de nossa Faculdade, professor que de há muito tem colocado a sua alma e toda sua fé nessa escola.

❖

Um agradecimento especial ao Professor Titular Marco Antonio Bottino. Os contatos, derivados de sua ampla e seletiva relação pessoal e profissional, foram determinantes para a elaboração deste livro, que jamais seriam conseguidos em sua plenitude e arte sem a insubstituível e alentadora influência do estimado amigo.

❖

Também queremos agradecer a sra. Iara Carolina Friggi Kogiso, seu envolvimento durante a implementação do processo de produção deste livro foi destacado e incomum. Foram dias e noites debruçadas sobre papéis, rascunhos, fotos, sugestões, textos e solicitações incessantes. As reuniões eram marcadas a qualquer momento e hora do dia e ela, sempre presente, disponível e disposta para a jornada, que se encorpava cada vez mais.

❖

Para que os empreendimentos fossem realizados, quer acadêmicos, culturais ou esportivos, precisaríamos de parceiros colaboradores. Para a comemoração do Jubileu da FOSJC-Unesp, não foi diferente. Era preciso levantar recursos que viabilizassem as ideias surgidas para compor o cronograma de eventos comemorativos dos 50 anos da instituição.

Agradecemos ao diretor da Ultradent, Luíz Gustavo de Abreu, que se envolveu de maneira relevante e se posicionando ao nosso lado.

❖

E, por fim, a Imprensa Oficial do Estado, em especial ao seu diretor-presidente Hubert Alquéres e toda a sua equipe, que acolheram o projeto dessa publicação.

Assim, toda a comunidade da FOSJC-Unesp, na expressão de seus docentes, servidores técnico-administrativos, e alunos, é grata pela concretização do sonho que parecia impossível.

Agradecimentos especiais:

Prefeitura Municipal de São José dos Campos, pelo atendimento e materiais recebidos;

Arquivo Público Municipal (Parque da Cidade);

Mário Domingos de Moraes – Diretor-Presidente da Fundação Cultural Cassiano Ricardo;

Donato Ribeiro – Chefe do Arquivo Público Municipal;

Departamento de Imprensa (Paço Municipal),
em especial ao Adenir Britto – Chefe da Divisão de Fotografia

Instituto Museu e Biblioteca de Odontologia de São Paulo – Imosp – Elias Rosenthal

Paulo de Oliveira Bueno, diretor

Apoio:

ULTRADENT PRODUCTS, INC.

Clovis Pagani e Iara Carolina Friggi Kogiso,
coordenadores e organizadores da edição

Professores e funcionários da Faculdade de Odontologia de São José dos Campos

**Dados Internacionais de Catalogação na Publicação**
**Biblioteca da Imprensa Oficial do Estado de São Paulo**

50 anos da Faculdade de Odontologia de São José dos Campos-UNESP : 1960-2010. / Clovis Pagani/coordenação; Iara Carolina Friggi Kogiso/organização – São Paulo : Imprensa Oficial do Estado de São Paulo, 2010.
228 p.:il.

ISBN 978-85-7060-878-9 (Imprensa Oficial)

1. Universidade Estadual de São Paulo – Faculdade de Odontologia – História 2. Faculdade – História – São José dos Campos (SP) I. Pagani, Clovis. II. Kogiso, Iara Carolina Friggi

CDD 617.6

Índice para catálogo sistemático:
1. Universidade Estadual de São Paulo : História 617.6

Foi feito depósito legal na Biblioteca Nacional
Lei nº 10.994 de 14/12/2004



Impresso no Brasil
2010

**Universidade Estadual Paulista**
**"Júlio de Mesquita Filho"**
**Reitoria**
Rua Quirino de Andrade, 215
01049 010 São Paulo SP
PABX (11) 5627 0233
portal@reitoria.unesp.br

**Universidade Estadual Paulista**
**"Júlio de Mesquita Filho"**
**Campus de São José dos Campos**
Eng. Francisco José Longo, 777
Jardim São Dimas
12245 000 São José dos Campos SP
PABX (12) 3947 9000

**Imprensa Oficial do Estado de São Paulo**
Rua da Mooca, 1.921 Mooca
03103 902 São Paulo SP
sac 0800 01234 01
sac@imprensaoficial.com.br
livros@imprensaoficial.com.br
www.imprensaoficial.com.br

| | |
|---|---|
| Projeto gráfico | Guen Yokoyama |
| Assistência Editorial | Berenice Abramo |
| Tratamento de imagens | José Carlos da Silva<br>Tiago Cheregati |
| | Carlos Leandro Alves Branco |
| Fotos (equipamentos odontológicos) | Genivaldo Carvalho de Lima |
| Revisão | Wilson Ryoji Imoto |

| | |
|---|---|
| Formato | 30 x 28 cm |
| Tipologia | Perpetua<br>Franklin Gothic |
| Papel miolo | Couche fosco 150 g/m$^2$ |
| Papel capa | Duo Design 350 g/m$^2$ |
| Número de páginas | 228 |
| Tiragem | 1.500 |
| CTP, Impressão e Acabamento | Imprensa Oficial do Estado de São Paulo |

UNESP – Universidade Estadual Paulista "Júlio de Mesquita Filho"

| | |
|---|---|
| Reitor | Herman Jacobus Cornelis Voorwald |
| Vice-reitor | Julio Cezar Durigan |
| Chefe de gabinete | Carlos Antonio Gamero |

Faculdade de Odontologia de São José dos Campos – Unesp

| | |
|---|---|
| Diretor | José Roberto Rodrigues |
| Vice-diretor | Carlos Augusto Pavanelli |

imprensaoficial

IMPRENSA OFICIAL
DO ESTADO DE SÃO PAULO

| | |
|---|---|
| Diretor-presidente | Hubert Alquéres |
| Diretor Industrial | Teiji Tomioka |
| Diretor Financeiro | Flávio Capello |
| Diretora de Gestão de Negócios | Lucia Maria Dal Medico |
| Gerente de Produtos Editoriais e Institucionais | Vera Lúcia Wey |

**GOVERNO DO ESTADO
DE SÃO PAULO**

Governador Alberto Goldman